기이한 책장수 조신선

기이한 책장수 조신선

글 정창권 | 그림 김도연

사계절

• 글쓴이의 말 •

조선 최고의 책장수 조신선과 책의 역사

요즘 우리는 책을 인터넷으로 주문하거나 서점에 직접 가서 사곤 하지요. 그럼 먼 옛날 조선 시대 사람들은 어떻게 책을 샀을까요? 조선 시대에는 책장수를 통해 책을 사곤 했답니다.

책장수란 여기저기 떠돌아다니며 책을 파는 사람이었어요. 조선 시대에는 책장수를 보통 서쾌나 책쾌라고 했지요. 책장수는 우선 책이 필요한 사람들에게 주문을 받았어요. 그러고는 역관이나 교서관, 서점, 세책가, 책을 갖고 있는 사람을 찾아다니며 책을 구해다 주었답니다. 반대로 책을 팔고 싶은 사람들에게서 싸게 사들였다가 필요한 사람들한테 비싸게 되팔기도 했지요. 한마디로 그들은 서적 중개 상인이었던 거예요. 조선 시대에는 서점이 지금처럼 발달하지 않았기 때문에 책장수가 그 역할을 대신했답니다. 그러니 그 시대에 책장수는 없어서는 안 될 중요한 사람들이었지요.

조선 후기에 한양에는 '조생'이라는 아주 유명한 책장수가 있었어요. 조

생은 영조와 정조, 순조 임금 무렵에 한양 거리를 누비고 다녔다고 해요. 하지만 사람들은 그의 성이 '조'씨라는 것만 알았을 뿐, 이름이 무언지, 어디에 사는지, 가족이 있는지 따위는 전혀 알 수 없었어요. 또 책장수는 보통 몰락한 양반이나 중인들이 많이 했는데, 조생은 신분조차 알 수가 없었어요.

사람들은 누구나 그를 보면 바로 조생인 줄 알았다고 해요. 왜냐하면 조생은 외모부터 특이하게 생겼기 때문이에요. 체구는 얼마나 장대한지 마을 어귀에 서 있는 '천하대장군' 장승만 했고, 뺨은 늘 술에 취한 듯 불그스름했으며, 푸른 눈동자에서는 빛이 번쩍번쩍 나는 듯했대요. 또 수염은 어찌나 붉은지 언뜻 보면 매우 무서웠어요. 그렇지만 생김새와는 달리 조생은 평소 우스갯소리를 잘했고, 말투는 어눌하고 행동이 어리숙했다고 하네요.

그때 사람들은 조생이 130~140살까지 살았다고 했어요. 하지만 얼굴은

늘 마흔 살쯤 되어 보이니, 사람들이 그를 늙어 죽지 않는 신선이라는 뜻으로 '조신선'이라고도 불렀답니다.

  조생은 한양을 두루 돌아다니며 책을 사고팔았는데, 언제나 새가 날듯이 동에 번쩍 서에 번쩍 뛰어다녔어요. 날마다 해가 뜨면 저잣거리로, 의원 집으로, 관청으로 쉴 새 없이 내달렸지요. 그래서 위로는 고관대작이나 양반들부터, 아래로는 학동이나 마부에 이르기까지 신분을 가리지 않고 만나서 책을 팔았답니다.

  이 책은 조생 또는 조신선이라 불린 기이한 책장수 이야기예요. 조생의 이야기 속에는 조선 시대 책의 역사가 담겨 있어요. 또 그 시대에 책을 짓고, 팔고, 읽는 모습이 아주 흥미진진한 이야기로 꾸며져 있어요. 여기에 나오는 이야기들은 제가 머릿속에서 지어낸 것이 아니라, 옛 책에 기록된 조생 이야기에다 조선 시대의 역사를 바탕으로 좀 더 살을 붙여 쓴 거예요.

그래서 최대한 사실과 가깝게 조생의 이야기를 되살려 낸 것이지요. 마치 한 편의 '역사 동화'처럼요.

그리고 '추재'라는 꼬마 친구도 등장합니다. 추재는 조생을 따라다니며 여러 가지 이야기를 들을 수 있었어요. 추재 또한 꾸며 낸 인물이 아니라, 조생과 같은 시대에 살았던 조수삼(1762~1849년)이라는 문필가예요. 다만 조수삼의 어릴 적 이름은 원래 '경유'인데, 여기서는 조수삼의 호인 '추재'를 이름으로 썼지요. 조수삼은 조생의 이야기를 「육서 조생전」이라는 작품으로 남겼어요. 이 책은 특히 그 작품을 많이 참조해서 썼답니다. 자, 그럼 우리의 기이한 책장수 조신선을 만나러 가 볼까요.

2012년 12월 **정창권**

• 차례 •

글쓴이의 말
조선 최고의 책장수 조신선과 책의 역사 … 4

몸속에 가득한 책들 … 10

위험한 중국 책 … 26

서점·교서관·조지서를 찾아서 … 40

세책가의 한글 소설 … 54

천하의 책은 모두 내 책이다 ⋯ 68

교육열이 높은 나라 ⋯ 78

책장수를 모조리 잡아들여라 ⋯ 88

신선이 된 책장수 ⋯ 104

부록
육서 조생전 : 추재 조수삼이 쓴 책장수 조생 이야기 ⋯ 116

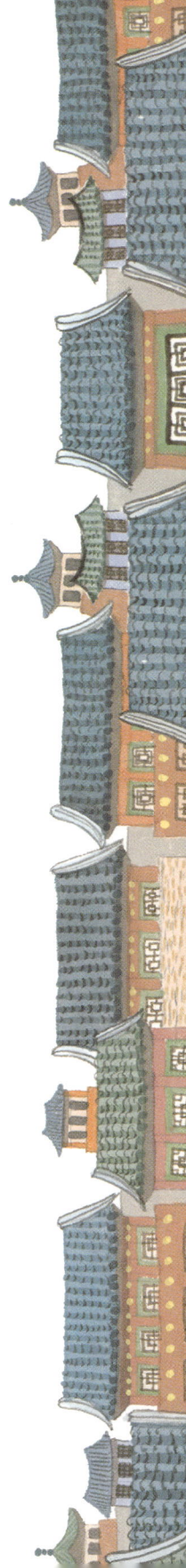

늘 뛰어다니는 사람

오늘도 조생은 해가 뜨자 골목에서 큰길로, 다시 저잣거리로 쉬지 않고 내달렸어요.

"헉헉, 비켜요, 비켜! 책장수 조생이 나갑니다."

그 걸음걸이가 어찌나 빠른지 마치 새가 나는 것 같았어요.

조생은 계속 내달려 종로의 운종가에 이르렀어요. 운종가는 그 무렵 한양에서 가장 번화한 상점 거리였지요. 운종가에는 오색 비단이 즐비한 면주전을 비롯해 갖가지 종이가 층층이 쌓여 있는 지전, 비릿한 생선 냄새가 나는 어물전, 하얀 쌀이 그득한 싸전이며 술 파는 주막까지 갖가지 점포들이 있었답니다.

"자, 이 가죽신 한번 보시오. 세공이 정말 잘되어 있지 않소? 게다가 우리 가게는 최고급 가죽만 쓴다오. 자, 어서들 와서 골라 보시오."

"에이, 조금만 더 깎아 줘요. 내가 이 집에 한두 번 오는 것도 아니잖소."

"안 되오! 이것도 헐값이나 다름없으니, 더 이상 에누리는 없소이다!"

물건을 사고파는 소리가 사방팔방에서 시끄럽게 울려 퍼졌어요. 사는 사람은 값을 깎으려 애쓰고, 파는 사람은 값을 더 받으려 애썼지요.

그때 조생이 바람처럼 쌩하고 그곳을 지나갔어요.

"허허, 오늘도 조생이 책 팔러 가는구먼."

당시 사람들은 누구나 바로 조생을 알아봤어요. 책을 팔러 다닌 지가 아주 오래되었고, 또 언제나 나는 듯이 뛰어다녔기 때문이에요.

조생이 지나가는 것을 보고 지전 주인이 큰 소리로 물었어요.

"어이, 조생! 오늘도 책 팔러 가는가?"

"암, 그래야 저녁에 술 사 먹을 수 있지."

"오늘따라 유난히 기분이 좋아 보이는구먼. 무슨 좋은 일이라도 있는 겐가?"

"응, 어젯밤에 어떤 양반 댁에서 좋은 책들을 아주 싸게 샀거든. 오랜만에 술을 실컷 사 먹을 수 있을 것 같아, 허허허."

하지만 조생은 뭔가 잘못 말한 듯이 갑자기 손으로 입을 막는 시늉을 하면서 말했어요.

"앗! 이건 비밀이라네. 책 주인이 절대 남에게 말하지 말라고 했거든. 그러다 소문이라도 나면 집안이 아예 망하게 된다면서……."

"예끼, 이 사람아. 벌써 다 말했잖은가. 허허, 자네가 부럽구먼. 우린 요즘 장사가 안 돼서 파리만 날리고 있다네."

조생은 운종가를 지나 광통교 쪽으로 달려갔어요. 광통교는 종로에서 남대문으로 가는 길목에 있는 다리로, 그 무렵 한양의 교통 중심지였어요.

그런데 조생이 광통교에 거의 이르렀을 무렵, 가게에 진열된 물건을 열심히 구경하던 한 소년이 갑자기 조생 쪽으로 달려드는 것이었어요.

"어어, 위험해!"

조생은 소년을 피하려다 중심을 잃고 길가 풀밭에 개구리처럼 풀썩 널브러졌어요. 그 바람에 품속이며 허리춤이며 소매 속 할 것 없이 온몸 구석구석에 넣어 두었던 책들이 밖으로 우르르 쏟아져 나왔지요.

"꼬맹아! 그렇게 갑자기 달려들면 어떡하니?"

"죄송해요, 아저씨. 건너편 가게에 진열된 물건들을 구경하려고 뛰어가다 그만……."

다행히 조생은 아무 데도 다치지 않았어요.

소년은 조생과 함께 여기저기 떨어져 있는 책들을 주우며 놀란 표정으로 말했어요.

"우아, 이건 주자가 편찬한 『자치통감강목』이잖아요! 100여 책이나 되는데, 이걸 어떻게 몸속에 다 넣고 다니는 거예요? 정말 기막힌 솜씨네요."

그러자 조생이 도리어 놀란 얼굴로 물었어요.

"아니, 어린아이인 네가 어떻게 이 책을 알고 있니?"

"조선 선비들이 가장 많이 읽는다는 책이잖아요. 지난번에 우리 아버지도 어떤 책장수한테 이 책을 사려다가 만 적이 있거든요.

한양의 문화 중심지, 광통교

청계천에 놓인 다리 중 광통교는 가장 크고 사람들이 많이 건너다니는 다리였어요. 그래서 그 주변에는 서화(글씨와 그림) 가게나 골동품 가게를 비롯해 가구 가게, 서점, 세책가(책 대여점) 등이 많았지요.

그러다 보니 광통교 주변은 자연스레 사람들이 북적이는 한양의 문화 중심지가 되었답니다.

광통교

그런데 아저씨는 왜 책을 몸속에 넣고 다니는 거예요?"

"책은 내 몸과 같단다. 그래서 몸속에 넣고 다니지. 그렇게 하면 뛰어다니기에도 편하고 말이야."

보통 책장수들은 책을 보따리에 싸서 손으로 들고 다니거나 지게 또는 나귀에 싣고 다녔어요. 그런데 조생은 특이하게도 소매나 품속, 허리춤에 집어넣고 다녔지요. 그러다가 책을 보고자 하는 사람이 있으면 몸속에서 하나씩 꺼내 주곤 했답니다.

"와, 정말 신기한 재주네요."

소년은 입을 벌리고 감탄하며 조생을 바라보았어요.

책장수 배경도

그때 어떤 사람이 조생을 보고는 큰 소리로 알은체를 하며 다가왔어요.

"아니, 이게 누구야. 조신선이 아닌가. 오늘은 무슨 책을 팔러 가는가?"

"어젯밤에 북촌의 어느 몰락 양반 댁에서 『자치통감강목』 한 질을 사들였다네. 집안 형편이 어려워서 대대로 애지중지 보관해 온 책을 판다고 하더군. 지금 그걸 되팔러 가는 길이라네."

어제 해가 질 무렵, 조생은 지게에 쌀과 베를 싣고 북촌 안국동의 김 선비를 찾아갔어요. 김 선비는 신분은 양반이지만 아주 가난해서 허름한 초가집에 살았답니다. 집은 오랫동안 수리를 못했는지 벽이며 지붕이며 할 것 없이 몹시 낡아 있었어요. 원래 김 선비의 할아버지는 꽤 높은 관직에 올라 떵떵거리며 권세를 누렸다고 해요. 그런데 그의 아버지가 과거의 예비 시험인 초시에 합격한 뒤로 본시험인 문과에는 번번이 낙방했고, 중년에는 노름으로 재산을 탕진했어요. 그 뒤로 집안 살림이 크게 기울었어요. 게다가 김 선비마저 과거에 여러 차례 낙방하자, 결국 그의 집안은 하루하루 끼니를 걱정할 정도로 가난한 처지가 되고 말았답니다.

조생이 쌀과 베를 건네주니, 김 선비는 서가에서 『자치통감강목』 100여 책을 꺼내 건네주었어요. 김 선비는 큰 죄라도 지은 사람처럼 전전긍긍했고, 한순간도 고개를 들지 못했어요. 그 모습을 보고 조생이 다시 한 번 확인하듯 물었어요.

"조상 대대로 보시던 책을 이리 처분해도 되겠습니까?"

 "그럼 어쩌겠는가. 식구들이 당장 굶어 죽게 생겼는데. 값비싼 책을 거저 주는 것이니, 군소리 말고 어서 갖고 가게나. 남들한테는 절대 말하지 말고."

 마침내 김 선비는 눈물을 보이고 말았어요. 조생은 책을 싸 들고 조용히 그 집을 나왔지요.

 조생이 책을 사게 된 내력을 들려주자, 아까 조생에게 알은체하던 그 사람이 부럽다는 표정으로 말했어요.

 "오, 그러면 거의 헐값에 사들였을 텐데, 자네는 이번에도 제법 큰돈을 벌겠구먼. 가만히 보면 자네는 은근슬쩍 장사를 잘한단 말이야. 그 비결이 뭔지 정말 궁금해."

"비결은 무슨……. 그저 날마다 발바닥에 땀 나도록 부지런히 뛰어다닌 덕분이지. 아, 참! 이건 비밀이니 절대로 남에게 말해서는 안 되네. 책장수한테는 신용이 가장 중요하니까."

그 말에 소년이 궁금해하며 조생에게 물었어요.

"아저씨, 왜 책 파는 걸 비밀로 해야 하는 거예요? 책은 팔면 안 되는 물건인가요?"

"책이란 원래 집안의 자랑이요 재산과 같은 것이지. 그러니 아무리 가난해도 책을 팔아선 안 되는 법이야. 게다가 조상들이 보던 책을 후손이 함부로 파는 건 큰 죄를 짓는 것이나 다름없지."

소년은 고개를 돌려 조생 옆에 있는 사람에게도 물었어요.

"그런데 아저씨는 누구세요? 아저씨도 책장수예요?"

"허허, 아주 똑똑하게 생긴 아이로구나. 나중에 커서 큰 인물이 되겠는걸. 나는 배경도라고, 한양에서 제일 잘나가는 책장수지. 너도 혹시 필요한 책이 있으면 언제든 말해라. 뭐든지 바로 구해다 줄 테니까."

"아저씨는 무슨 책을 팔러 다니는데요?"

"난 중국 책을 많이 취급한단다. 오늘도 『명기집략』과 『강감회찬』, 『봉주강감』 같은 책들을 떼다가 성균관 유생들과 동대문 밖 양반들에게 팔러 가는 길이란다. 요즘은 이 책들이 최고로 인기가 많거든, 흐흐흐."

그 말에 조생이 갑자기 굳은 표정을 하고 물었어요.

"아니, 뭐라고? 그 책들은 청나라의 역사가 주린이 쓴 책이 아닌가. 우리 태조 대왕과 인조 대왕을 모독해서 임금님께서 팔지도 읽지도 말라고 금지한 책이거늘, 찾는 사람들이 그렇게 많단 말인가?"

"그렇다네. 요즘 이 책을 찾는 사람이 어찌나 많은지, 정말 없어서 못 팔 지경이라니까."

"허허, 큰일이구먼. 언젠가 임금님께서 아시는 날엔 큰일이 터지고야 말겠어."

그러자 배경도가 슬쩍 인상을 찌푸리며 말했어요.

"설령 그렇다 해도 우리 같은 책장수한테까지 뭐라고야 하겠어. 책이란 사서 읽는 사람이 문제지, 파는 사람이 무슨 잘못이란 말인가."

"아무리 그래도 금서를 팔아서야 될까. 제발 그만두게. 그러다가 일이 잘못되면 자네는 물론이요, 자네 처자식까지 온전치 못할 거야."

"예끼, 이 사람아. 무슨 그런 재수 없는 말을 하는가."

그러면서도 배경도는 속으로 겁이 나는지 순간 몸을 부르르 떨었어요. 그러고는 바쁘다는 핑계를 대고서 먼저 자리를 떠나 버렸지요.

꼬마 문필가

조생도 소년과 헤어져 청계천 근처에 사는 역관이나 의원 같은 부유한 중인들을 찾아갔습니다. 어제 사들인 『자치통감강목』을 그곳 중인들에게 팔려는 거지요. 하지만 그 책은 양반 사대부에게나 필요한 것이라면서 아무도 거들떠보지 않았어요.

모처럼 큰돈을 벌 거라 기대했던 조생은 크게 실망해서 주막에 들어가 막걸리 한 잔을 사서 마셨어요. 그러고는 마지막으로 예전 단골이었던 어느 부유한 평민의 집을 찾아갔지요.

"아니, 조생 아니시오? 이게 대체 얼마 만이오. 필요한 책이 있어서 그동안 얼마나 기다렸는지 모르오."

조생과 비슷하게 마흔 살쯤 되어 보이는 남자는 조생의 손을 잡아끌고 사랑방으로 들어갔어요.

"필요한 책이라니요?"

"혹시 『팔가문』을 좀 구할 수 있겠소? 우리 아들 녀석에게 주려고요."

"『팔가문』이라면 중국 당나라와 송나라의 대문장가 여덟 분의 글을 모아 놓은 책으로, 최고의 문장 교과서지요. 필요하다면 내일 당장이라도 구해 드릴 수 있습니다. 한데 그 책은 나이도 제법 먹고 공부도 많이 해야 볼 수 있을 텐데, 아드님이 벌써 그렇게 컸나요?"

"우리 추재가 올해 여덟 살인데 자못 총기가 있는 편이라오. 예닐곱 살에 벌써 『천자문』을 떼고 『논어』나 『맹자』 같은 경전들을 읽었으며, 붓을 쥐고 글쓰기도 배웠지요. 그래서 주위 어른들이 자주 곁에 앉히고 귀여워한답니다."

"허허, 그놈 참 기특하네요. 그럼 혹시 『자치통감강목』은 필요하지 않은가요? 어젯밤에 아주 싸게 구했는데 거의 본전만 받고 팔겠습니다."

"『자치통감강목』이라? 지난번에 어떤 책장수한테서 구입하려다 말았는데…….."

추재의 아버지는 한참 동안 고민하는 듯하다가 다시 말했어요.

"에잇, 좋습니다! 어차피 나중에 우리 추재가 읽어야 할 책이니 미리 사 두기로 하지요."

원래 추재의 아버지는 과거 공부를 하지 않은 평민이었습니다. 그렇지만 자식 교육에는 남다른 관심이 있어서, 아들을 위한 일이라면 큰돈도 아끼지 않았지요. 그런 아버지 덕분에 추재는 평소 읽고 싶은 책들을 마음껏 읽을 수 있었답니다.

"헤헤, 아주 잘 생각했소. 책이란 눈에 띌 때 사 두는 게 최고입니다. 막상 필요해서 사려면 아무리 애를 써도 구할 수가 없거든요."

조생은 몸속에 넣어 둔 『자치통감강목』을 꺼내 방바닥에 차곡차곡 쌓기 시작했어요. 그랬더니 거의 어린아이 키만큼 높이 쌓였지요.

"아니, 이 많은 책들을 몸속에 넣고 다닌단 말입니까? 정말 솜씨가 기막힙니다그려."

추재의 아버지는 눈을 크게 뜨며 놀라움을 감추지 못했어요. 그러고는 새로 산 책들을 얼른 아들에게 보여 주고 싶은지 안방을 향해 소리쳤어요.

"추재야! 추재야! 이리 좀 건너오너라."

"예, 아버님!"

얼마 안 있어 추재가 사랑방으로 들어왔는데, 조생은 그를 보자마자 놀랍고 반가운 표정을 지으며 말했어요.

"엇! 너는 아까 길에서 부딪쳤던 그 꼬맹이 아니냐!"

"엉, 아저씨가 여긴 웬일이세요?"

추재의 아버지가 어떻게 서로 아느냐고 물으니, 조생이 아까 광통교에서 있었던 일을 간략히 들려주었어요.

"하하, 그것참 신기하네요."

"글쎄 말예요. 우리 둘은 뭔가 인연이 있는 듯해요."

이윽고 추재의 아버지가 조생을 가리키며 말했어요.

"추재야, 정식으로 인사 드려라. 이분은 책장수 조생이란다. 우리 집에 있는 책들은 거의 다 이분에게서 산 것이지."

추재가 일어나 조생에게 큰절을 올리자, 추재의 아버지가 말을 이었어요.

"이 아이는 총명하고 글재주가 있어 장차 유명한 문필가가 될 것입니다. 지금도 날마다 한양 거리를 돌아다니며 사람 사는 모습을 낱낱이 기록하고 있지요. 그래서 꼬맹이의 이야기 주머니가 벌써부터 가득 차서 넘쳐날 지경이랍니다. 앞으로 이 아이와도 잘 지내 주셨으면 합니다."

"예, 그러지요. 내가 하는 일과 책 이야기를 꼬맹이한테 많이 들려주겠습니다, 헤헤헤."

그 뒤로 추재는 틈만 나면 조생 보기를 좋아하고, 조생 또한 추재를 아껴 자주 데리고 다니며 자신의 일과 책 이야기를 들려주었어요.

인쇄 기술과 책의 발달

필사본

책은 원래 손으로 일일이 베껴서 만들었어요. 이렇게 만든 책을 '필사본'이라고 해요. 인쇄 기술이 발달하지 않았을 때뿐만 아니라, 인쇄 기술이 발달한 뒤에도 책은 대개 손으로 직접 베껴서 만들었답니다. 여전히 책을 인쇄하는 데는 많은 돈이 들어갔기 때문이에요.

목판본

시간이 흐르면서 책을 찾는 사람들이 점점 많아지자, 필사본으로는 책의 수요를 감당할 수 없게 되었어요. 그래서 사람들은 목판 인쇄 기술을 발명했습니다. 목판 인쇄는 나무판에 글자를 새긴 다음 먹을 칠해서 종이에 찍어 내는 방식이었어요. 우리나라는 세계 최초로 목판 인쇄술을 개발했답니다. 1966년 불국사 석가탑 속 사리함에서는 세계에서 가장 오래된 목판 인쇄물인 『무구정광대다라니경』이라는 불경이 발견되었지요.

활자본

인쇄용 목판은 한 가지 책을 찍고 나면 쓸모가 없어졌어요. 또 목판은 시간이 흐르면 갈라지거나 터지기 쉬워서 보관하기가 여간 어려운 일이 아니었어요. 활자는 이러한 문제들을 해결해 주었답니다.

　활자는 나무나 금속으로 된 네모난 조각에 글자가 볼록 튀어나오게 새긴 것이에요. 책 내용이 정해지면 그 글자대로 활자를 모아 책을 찍었어요. 다른 내용의 책을 찍을 때는 활자를 다시 배열한 다음 찍으면 되었어요. 그렇기 때문에 여러 종류의 책을 조금씩 찍을 때는 목판 인쇄보다 돈이 훨씬 적게 들었지요. 이렇게 활자를 이용해 만든 책을 '활자본'이라고 해요. 금속 활자도 우리나라에서 세계 최초로 만들었답니다. 고려 시대인 1377년에 만든 『직지심체요절』은 현재 남아 있는 금속 활자 인쇄본 중에서 세계에서 가장 오래된 책이랍니다.

조선 시대에 사용한 금속 활자(국립중앙박물관 소장)

방각본

조선 후기에는 일반 사람들이 돈을 벌 목적으로 만든 책인 '방각본'이 나왔어요. 선비들이 주로 읽는 유교 경전을 비롯해서 『천자문』이나 『동몽선습』 같은 어린이용 책, 부녀자들이 좋아했던 한글 소설 등 다양한 방각본이 나왔답니다. 방각본도 목판으로 인쇄했지만, 싼값에 많이 만들어 팔기 위한 책이었기 때문에 국가나 사찰에서 정성 들여 만든 목판본과 달리 인쇄 상태가 나빴답니다.

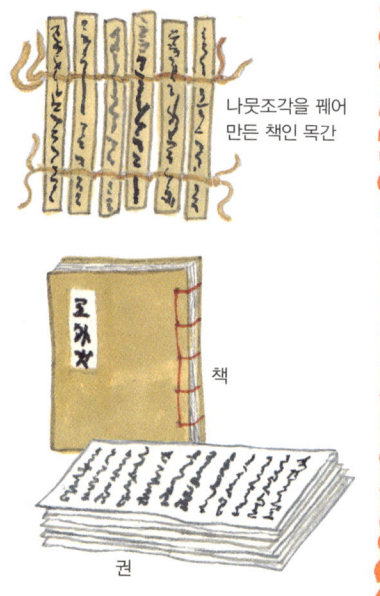

나뭇조각을 꿰어 만든 책인 목간

책

권

'책'의 기원

책은 이미 기원전 500년쯤부터 있었어요. 다만 아직 종이가 발명되기 전이었기 때문에 대나무나 나무를 적당한 길이로 잘라 위아래에 구멍을 뚫은 다음, 가죽 끈으로 꿰매어 책을 만들었지요. 글씨는 나뭇조각에 붓으로 쓰거나 칼로 새겼답니다. 그래서 '冊(책)'이라는 한자도 가죽 끈으로 꿰맨 나뭇조각의 모양을 본떠 만들었어요.

'권'과 '책'

옛날 책을 이야기할 때 '몇 권 몇 책'이라고 하는 말을 들어 본 적이 있을 거예요. '권'은 내용별로 모은 것을 말하고, '책'은 요즘의 책 한 권을 말해요. 옛날 책에는 한 '책' 속에 몇 개의 '권'이 들어 있었어요. 세계 최초의 금속 활자본으로 알려진 『상정고금예문』은 50권 28책으로 되어 있어요. 요즘 책으로 치면 50가지 내용이 28권의 책에 나뉘어 실려 있는 셈이지요.

한쪽 눈의 괴짜 화가

중국에 갔던 사신(외교관) 일행이 한양으로 돌아왔다는 소식이 들리자, 조생은 당장 자기와 거래하는 역관의 집을 찾아갔어요. 지난번에 역관에게 부탁했던 책을 찾으러 간 거지요.

역관은 지금의 통역사예요. 조선의 한양에서 중국의 북경으로 사신이 갈 때, 역관도 통역을 하기 위해 따라갔지요. 책장수들은 중국 책이 필요하면, 책을 잘 알고 학식이 풍부한 역관에게 사다 달라고 부탁하곤 했어요. 그러면 역관들은 인삼이나 베, 청심환 따위를 말에 싣고 가서 중국에 있는 책들을 사 왔지요. 사신을 따라 중국에 다녀오는 사행 길은 가는 데 한 달, 오는 데 한 달, 북경에 머무르는 한 달까지 합쳐서 최소한 석 달은 걸렸답니다.

역관은 꽤나 무거워 보이는 상자 하나를 조생에게 건네주며 말했어요.

"자, 지난번에 구해 달라던 책들이오."

"아이고, 고맙습니다! 얼마나 고생이 많으셨습니까, 역관 나으리."

"말도 마시오. 이걸 사 오느라 죽을 고비를 몇 번이나 넘겼는지 아시오. 게다가 책은 다른 물품들보다 더 무거워서······."

"아무렴 그렇겠지요. 정말 고맙습니다. 나중에 값을 좀 더 쳐드리겠습니다. 그나저나 다음 사행 길은 언제 떠나시는 겁니까?"

"몇 달 뒤 황태자 탄신일에나 들어갈 것이오. 그때도 내가 역관으로 따라갈 듯하니, 필요한 책이 있으면 언제든지 와서 말하구려."

"예예, 그리합지요. 매번 이렇게 책을 사다 주시니 저는 그저 황송할 따름입니다."

조생은 다시 한 번 머리를 조아리며 고맙다고 인사한 뒤, 책 상자를 지게에 지고 역관의 집을 나왔습니다.

그때 우리의 꼬마 문필가 추재는 사람들 사이에 떠도는 재미있는 이야깃거리를 찾기 위해 한양을 이리저리 돌아다니고 있었어요. 오늘도 어제처럼 청계천을 따라 길을 걷다 보니 어느덧 광통교에 다다랐지요.

"우아! 정말 대단하다. 이것들을 다 누가 그렸을까?"

광통교 주변에는 서화 가게가 많았어요. 가게 안에는 온갖 글씨와 그림이 수도 없이 걸려 있었어요. 마치 여러 폭의 긴 비단으로 병풍을 만들어 놓은 듯했지요.

추재가 한참 넋을 잃고 서화를 구경하고 있을 때, 근처 주막에서 사람들이 웅성대는 소리가 들려왔어요. 조심조심 주막으로 들어가 보니, 어떤 방문 앞에 유난히 많은 사람들이 서 있었어요. 사람들 손에는 제각기 비단이며 종이, 심지어 엽전 꾸러미까지 들려 있었지요.

추재는 호기심에 재빨리 그곳으로 가까이 다가갔어요. 방 안에서는 몸집이 작은 어떤 사람이 열심히 그림을 그리고 있었어요. 그 사람은 한쪽 눈이 먼 데다 알 하나가 없는 안경을 쓰고 있었는데, 언뜻 보기에도 인상이 몹시 다부지고 사나운 듯했어요.

추재는 평상에 앉아 술을 파는 주모에게 다가가 물었어요.

"아주머니, 저 사람이 대체 누군데

구경하는 사람들이 저리 많아요?"

"호호호, 오늘도 마실 나왔구나. 저 사람은 한쪽 눈의 괴짜 화가 최북이란다. 그림은 말할 것도 없고 술 마시는 것도, 성격 괴팍한 것도, 조선 팔도에서 으뜸가는 사람이지."

"조선 팔도에서 으뜸으로 술을 잘 마셔요? 도대체 얼마나 마시는데요?"

"아이고, 말도 마라. 날마다 대여섯 되씩은 마셔야 그만둔단다. 또 술만 취했다 하면 '나는 조선 최고의 화가 최북이다. 나는 붓끝으로 먹고산다.'고 시끄럽게 외쳐 대지."

추재는 더욱 호기심이 일어 방으로 다가가 최북을 바라보았어요. 과연 주모 말대로 최북은 연거푸 술잔을 기울이며, 거침없는 솜씨로 산수화 한 폭을 그려 나갔지요. 그러다가 갑자기 무슨 생각이 들었는지 붓질을 딱 멈추고는 방문 밖에서 기다리던 손님에게 그림을 건네주었어요.

하지만 손님은 실망스러운 표정으로 따지듯이 물었어요.

"아니, 이게 대체 무슨 그림이란 말이오. 산수화라면 마땅히 산과 물이 있어야 하거늘, 왜 산만 그리고 물은 그려 주지 않은 거요?"

그러자 최북이 갑자기 붓을 내던지고 일어나 큰 소리를 질렀어요.

"에잇! 눈이 있는 게야, 없는 게야? 종이 밖은 다 물이란 말야."

손님은 그의 난폭한 성격을 잘 알고 있는지 더는 따지지도 못했어요.

"예끼, 순 사기꾼 같은 환쟁이라구!"

그러고는 그림값을 방바닥에 집어던지고 주막을 나가 버렸지요.

추재는 오늘에야말로 재미있는 이야깃거리를 찾았다고 여기고 최북이 그림 그리는 모습을 한참 지켜보았습니다.

책만 보는 바보, 간서치

얼마 뒤 추재가 문득 고개를 돌려 주막 대문 밖을 바라보니, 뭔가를 지게에 가득 지고 바쁘게 달려가는 조생이 보였어요. 조생은 평소 책을 소매나 품속에 넣고 다녔는데, 오늘은 어쩐 일인지 지게에 지고 가는 것이 아니겠어요. 추재는 또다시 호기심을 주체하지 못하고 재빨리 주막을 나와 조생을 뒤따라갔어요.

"아저씨, 조생 아저씨! 뭐를 그렇게 지게에 가득 지고 가세요?"

"어이쿠, 추재 아니냐! 『패문』이라는 중국 책이란다. 청나라 황제의 명에 따라 지은 책이지. 분량이 200책이나 되고 방금 중국에서 들여온 귀한 책이라 상자에 넣어 가져가는 거야."

"우아, 대단하다. 근데 어디로 팔러 가시는 건가요?"

"저기 숭례문 부근에 사는 유만주라는 간서치에게 팔러 가는 거야. 벌써 석 달 전에 주문한 책인데, 이제야 갖다주게 되었단다."

"간서치요? 그게 무슨 말이에요?"

"책만 보는 바보라는 뜻이야. 과거 시험을 보아 관직에 나가지 않고 평생 동안 집 안에서 책만 읽는 사람을 말하지."

"와, 신기하다. 저도 같이 가면 안 돼요?"

"그래, 마음대로 하려무나."

조생은 추재의 눈빛이 하도 강렬하여 선뜻 허락해 주었어요.

이윽고 두 사람은 숭례문 부근에 있는 유만주의 집에 도착했습니다. 소박하지만 선비의 기품이 흐르는 아담한 기와집이었어요.

"나으리, 부탁하신 중국 책을 구해 왔습니다요."

조생은 마당에 서서 큰 소리로 자랑스럽게 말했지만, 방 안에서는 아무 대답이 없었어요. 조생은 더욱 큰 소리로 말했어요.

"나으리! 그토록 애타게 찾으시던 『패문』을 구해 왔다니까요!"

그제야 유만주가 방문을 벌컥 열어젖히고 버선발로 뛰어나왔습니다.

"뭐, 뭐라고? 정말로 『패문』을 구해 왔단 말인가? 어디 보세나."

유만주는 몹시 흥분한 얼굴로 상자에서 책들을 하나씩 조심스레 꺼냈어요. 책을 살펴보며 아이처럼 좋아하는 유만주의 모습을 보니, 추재는 픽 하고 웃음이 나왔어요.

이윽고 책을 모두 살펴본 유만주가 조심스럽게 값을 물어보았어요. 아무리 양반이라지만 비싼 책값을 걱정하지 않을 수 없었던 모양이에요.

"그래 책값은 얼마나……?"

"지난번에 말씀드렸듯이 『패문』 200책이 모두 합쳐 8천 문, 그러니까 딱

80냥을 주셔야 합니다."

그 말에 유만주가 깜짝 놀란 듯 입을 크게 벌리고 되물었어요.

"80냥이라구? 아니, 무슨 책값이 그리 비싸단 말인가?"

"히히, 이른바 물 건너온 책 아닙니까. 게다가 분량이 어지간히 많아야지요. 역관도 이걸 사 오느라 죽을 고비를 몇 번이나 넘겼다고 합니다."

"허허, 나도 그 사정을 모르는 바는 아니지만, 그래도 80냥은 너무 지나친 듯싶네. 선비가 되어서 책값을 흥정하기는 뭣하지만, 자네가 인심 써서 75냥에 합의 봄세."

"안 됩니다. 모든 책에는 거기에 맞는 적당한 가격이 있는 법입니다. 솔직히 저도 역관에게 책값과 품삯을 주고 나면 별로 남는 게 없습니다."

대개 큰 거래에는 그만큼 이익이 많이 남게 마련이었어요. 하지만 조생은 큰 거래라고 해서 값을 깎아 주거나 더 받지는 않았어요. 처음부터 꼭 받을 만큼만 값을 불렀기 때문이에요.

유만주와 조생 사이에는 한동안 팽팽한 긴장이 감돌았어요.

"에이, 너무 그러지 말고 조금만 깎아 주게. 우리가 어디 하루 이틀 거래하는 사이인가."

"정말로 안 됩니다. 정 그러면 책을 도로 가져가는 수밖에 없습니다."

조생은 갑자기 마루 위에 놓인 책들을 상자에 다시 주워 담기 시작했어요. 추재도 얼떨결에 조생을 도와 책을 상자에 담았지요.

"뭐, 뭣 하는 짓들인가? 알겠네, 알겠어! 원하는 대로 줄 터이니, 어서 책을 방 안으로 들여놓게나. 에잇! 고집쟁이 같으니라구."

그러고 나서 유만주는 책값을 가지러 안채로 들어갔습니다.

조생은 추재와 함께 책을 방 안으로 옮겼어요. 과연 당시 최고의 독서가답게 유만주의 서재에는 만 권이나 되는 책이 쌓여 있었지요.

중국 책의 인기

얼마 뒤 유만주가 묵직한 돈 자루를 손에 들고 혼자서 구시렁거리며 서재로 들어왔어요. 그는 얼굴이 벌겋게 달아올라 있었는데, 아마도 책값 때문에 부인과 다툰 것 같았습니다.

유만주가 간신히 화를 누르며 말했어요.

"에잇, 참! 여편네가 너무하는구먼. 책 사는 것도 잘못이란 말인가. 선비가 책도 없이 무슨 재주로 학문을 할 수 있겠어. 그리고 책이란 한번 사면 자자손손 대대로 보는 거잖아."

"나으리, 무슨 일이 있었습니까?"

"아닐세. 글쎄 안사람이 돈 한 푼 못 버는 주제에 만날 책만 사들인다고 야단이지 뭔가. 물론 아주 틀린 말은 아니지만, 그렇다고 학문하는 사람이 책을 안 살 수도 없잖은가."

유만주는 여전히 씩씩거리며 자리에 앉은 뒤, 조생에게 돈 자루를 건네주며 다시 말했어요.

"여기 50냥일세. 나머지는 조만간 마련해서 주겠네."

80냥을 주셔야 합니다."

그 말에 유만주가 깜짝 놀란 듯 입을 크게 벌리고 되물었어요.

"80냥이라구? 아니, 무슨 책값이 그리 비싸단 말인가?"

"히히, 이른바 물 건너온 책 아닙니까. 게다가 분량이 어지간히 많아야지요. 역관도 이걸 사 오느라 죽을 고비를 몇 번이나 넘겼다고 합니다."

"허허, 나도 그 사정을 모르는 바는 아니지만, 그래도 80냥은 너무 지나친 듯싶네. 선비가 되어서 책값을 흥정하기는 뭣하지만, 자네가 인심 써서 75냥에 합의 봄세."

"안 됩니다. 모든 책에는 거기에 맞는 적당한 가격이 있는 법입니다. 솔직히 저도 역관에게 책값과 품삯을 주고 나면 별로 남는 게 없습니다."

대개 큰 거래에는 그만큼 이익이 많이 남게 마련이었어요. 하지만 조생은 큰 거래라고 해서 값을 깎아 주거나 더 받지는 않았어요. 처음부터 꼭 받을 만큼만 값을 불렀기 때문이에요.

유만주와 조생 사이에는 한동안 팽팽한 긴장이 감돌았어요.

"에이, 너무 그러지 말고 조금만 깎아 주게. 우리가 어디 하루 이틀 거래하는 사이인가."

"정말로 안 됩니다. 정 그러면 책을 도로 가져가는 수밖에 없습니다."

조생은 갑자기 마루 위에 놓인 책들을 상자에 다시 주워 담기 시작했어요. 추재도 얼떨결에 조생을 도와 책을 상자에 담았지요.

"뭐, 뭣 하는 짓들인가? 알겠네, 알겠어! 원하는 대로 줄 터이니, 어서 책을 방 안으로 들여놓게나. 에잇! 고집쟁이 같으니라구."

그리고 나서 유만주는 책값을 가지러 안채로 들어갔습니다.

조생은 추재와 함께 책을 방 안으로 옮겼어요. 과연 당시 최고의 독서가답게 유만주의 서재에는 만 권이나 되는 책이 쌓여 있었지요.

중국 책의 인기

얼마 뒤 유만주가 묵직한 돈 자루를 손에 들고 혼자서 구시렁거리며 서재로 들어왔어요. 그는 얼굴이 벌겋게 달아올라 있었는데, 아마도 책값 때문에 부인과 다툰 것 같았습니다.

유만주가 간신히 화를 누르며 말했어요.

"에잇, 참! 여편네가 너무하는구먼. 책 사는 것도 잘못이란 말인가. 선비가 책도 없이 무슨 재주로 학문을 할 수 있겠어. 그리고 책이란 한번 사면 자자손손 대대로 보는 거잖아."

"나으리, 무슨 일이 있었습니까?"

"아닐세. 글쎄 안사람이 돈 한 푼 못 버는 주제에 만날 책만 사들인다고 야단이지 뭔가. 물론 아주 틀린 말은 아니지만, 그렇다고 학문하는 사람이 책을 안 살 수도 없잖은가."

유만주는 여전히 씩씩거리며 자리에 앉은 뒤, 조생에게 돈 자루를 건네주며 다시 말했어요.

"여기 50냥일세. 나머지는 조만간 마련해서 주겠네."

"알겠습니다, 나으리."

유만주는 다시 책상 아래에서 책 제목이 적힌 종이쪽지를 찾아 조생에게 건네주며 말했습니다.

"이것들은 다음에 사고 싶은 책들이네. 주로 중국 소설인데, 최대한 많이 구해 주었으면 싶네."

그 모습을 본 추재가 들릴락 말락 한 목소리로 말했어요.

"이 양반 정말 강심장이로다!"

조생이 종이쪽지를 펼쳐 보니, 그 안에는 『서유기』, 『금병매』, 『삼국지』, 『우초신지』, 『정충록』, 『도화영』, 『금향정』, 『요재지이』 같은 유명한 중국 소설 제목이 빼곡히 적혀 있었어요.

"아이고, 이것들은 전부 중국에서 한가락 하는 소설들 아닙니까. 요즘 중국 소설에 푹 빠지셨나 봅니다."

"응, 얼마 전에 『수호지』와 『서상기』를 읽어 봤더니 참으로 기가 막히더구먼. 『수호지』에는 온갖 영웅호걸이 등장하는데, 천하의 재주 있는 사람이 아니고서야 어찌 그걸 써 낼 수 있었겠는가. 『수호지』는 정말 권모술수의 책이요 인정세태(세상 사람들의 마음과 세상이 돌아가는 형편)가 담긴 책이며, 내 마음의 혼돈을 활짝 열어젖힌 책이었다네. 또 『서상기』도 빼놓을 수 없겠지. 남녀 간의 사랑을 다룬 책 중에서 이보다 더한 건 본 적이 없다네. 그래서 이왕 내친김에 중국 소설들을 좀 더 읽어 볼까 하네."

"예, 알겠습니다. 말씀하신 대로 최대한 많이 구해 보겠습니다."

두 사람이 자리에서 일어나려는데, 유만주가 갑자기 떠오르는 책이 있는

지 다시 조생에게 말했어요.

"아, 참! 중국의 역사가 주린이 쓴 『명기집략』이나 『강감회찬』 같은 책들도 구해 볼 수 있겠는가? 대체 우리나라 역사를 어떻게 왜곡시켜 놓았는지 나도 한번 보고 싶네."

"그것들은 모두 읽어서도, 지녀서도 안 되는 금서 아닙니까? 구하기야 어렵지 않지만, 왜 하필 임금님께서 금서로 지정한 책들을 읽으려 하십니까? 위험하게 말입니다."

"요즘 그 책들이 장안의 화제라고 해서 나도 한번 읽어 볼까 한다네. 따지고 보면 조선 땅에서 위험하지 않은 책들이 어디 있겠는가. 공자 왈 맹자 왈 하는 유교 경전이 아니라면, 언제든지 위험한 책이 될 수 있지."

"그래도 위험한 책을 굳이 읽을 것까지야……."

"허허, 이 사람이 겁도 참 많네. 무슨 일이 생기면 다 내가 책임질 테니, 자네는 아무 걱정 말고 책이나 구해 오게."

"예, 알겠습니다."

　　조생은 책 제목이 적힌 종이쪽지를 접어 품 안에 찔러 넣고 방을 나왔습니다. 추재도 최고의 독서가이자 강심장을 가진 유만주에게 공손히 인사하고는 조생을 따라 나왔지요.
　　광통교로 돌아오는 길에 추재가 조생에게 물었어요.
　　"아저씨는 이제 어디로 가세요?"
　　"아까 그 『패문』을 구해 준 역관을 다시 찾아가서, 다음번 사행 길에 유만주 나으리가 말한 중국 소설들을 사 오라고 부탁해 두련다."
　　역관에게 부탁해 중국 책을 구한다는 말에, 추재가 궁금해하며 조생에게 또 물었어요.
　　"아저씨, 그럼 역관들은 청나라 어디로 가서 책을 사 오는 거예요?"
　　"응, 북경의 유리창이라는 곳에서 사 온단다."
　　"북경의 유리창이라……. 유리창이란 어떤 곳이에요? 아저씨도 거기에 가 봤어요?"
　　"가 봤을 수도 있고 안 가 봤을 수도 있지, 히히. 유리창은 중국의 수도

북경에 있단다. 원래 유리창은 기와와 벽돌을 만드는 공장이었어. 그곳에서 만든 푸른 기와와 누런 벽돌은 모두 유리처럼 반짝반짝 빛을 내서 '유리'라 불렀고, 공장 건물을 흔히 '창'이라 불렀지."

"유리처럼 반짝반짝 빛나는 기와와 벽돌을 만드는 공장이라구요? 그런데 어떻게 거기에서 책을 사 오는 거예요?"

"유리창이 꼭 기와와 벽돌 공장으로만 유명한 것은 아니란다. 유리창 거리에 가 보면 서적이나 골동품 같은 기이한 물건을 파는 상점도 많거든. 그 길이가 자그마치 5리나 되어서, 하루 종일 돌아다녀도 제대로 구경할 수 없을 정도야. 책을 파는 서점은 일곱 군데나 있는데, 서점 한 곳의 책만 헤아려 봐도 수만 권이 넘지. 한참 둘러보고 있노라면 목이 아프고 눈이 다 어질어질할 정도란다."

조생의 이야기를 들으면서 추재는 "와!" 하고 감탄사를 연발했어요. 그러고는 뭔가 단단히 결심한 듯 혼자서 말했어요.

"이다음에 크면 나도 꼭 북경의 유리창에 가 봐야지."

조생은 그런 추재를 흐뭇한 표정으로 바라보았어요.

어느새 두 사람은 한양의 중심가인 광통교에 닿았어요. 조생은 추재에게 그만 집으로 돌아가라 이르고, 혼자서 역관의 집을 찾아갔습니다.

옛 책 엮는 법

책의 본문이 모두 완성되면, 이제 책의 형태로 엮어야 했어요. 요즘에는 책을 "제본한다."고 하지만, 예전에는 흔히 "엮는다."고 했어요. 그럼 옛 책은 과연 어떻게 엮었는지 차례대로 알아볼까요?

표지 만들기

책을 엮을 때는 먼저 책의 표지를 만들었어요. 표지로 쓸 종이에는 벌레 먹는 것을 막기 위해 치자 물을 들였어요. 그런 종이를 여러 겹 덧붙여 두껍게 만들었지요. 표지 종이가 준비되면 능화판 위에 놓고 밀랍을 칠한 뒤 밀돌로 문질렀어요. 그러면 치자 물이 곱게 든 종이에 능화 무늬가 드러났지요.

밀돌

능화판

실로 엮기

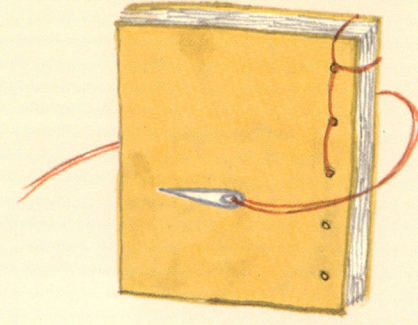

본문에 책 표지를 씌운 뒤에는, 표지의 오른쪽 가장자리에 송곳으로 구멍을 5개 뚫었어요. 그런 다음 실끈을 바늘에 꿰어 책을 묶었어요. 이때 바느질은 한가운데를 시작으로 멈추지 않고 단번에 엮어 냈는데, 반드시 한 구멍에 세 번씩 실이 들어가야 했답니다.

제목 쓰기

이렇게 해서 책의 표지를 엮었으면 마지막으로 책 제목이 있어야겠지요. 책 제목은 표지의 왼쪽 위에 썼는데, 단정하고 힘차게 써 내려갔어요. 예전에는 책 제목을 전문적으로 써 주는 사람이 있어서, 그에게 부탁해서 쓰곤 했지요.

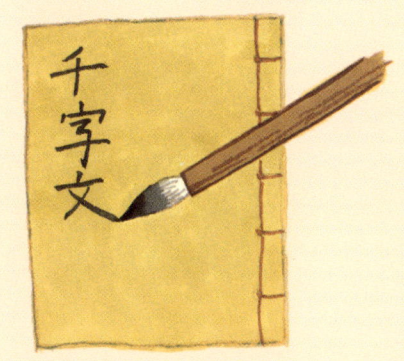

조선 시대 서점가

조생은 때로 일반 사람들에게서 책을 구해 팔기도 했지만, 대개는 서점이나 교서관에서 책을 사다가 팔았어요. 오늘도 그는 숭례문 근처에 사는 어떤 부유한 양반에게서 『주자대전』 한 질을 구해 달라는 부탁을 받고 책을 구하러 바삐 돌아다녔어요.

조생은 먼저 숭례문에서 가까운 서소문 안에 있는 약계책사라는 서점을 찾아갔어요. 약계책사는 중인 신분의 아전(관아에서 말단 행정 업무를 맡은 사람) 이인석과 의원 박섬이 공동으로 운영하는 서점이었지요.

조생이 약계책사에 들어가 보니, 안채는 한약방인 '약계', 바깥채는 서점인 '책사'로 되어 있었어요. 다시 말해 약국과 서점을 겸한 점포였던 셈이지요. 서점 안에는 가로로 길게 놓인 시렁 위에 『사략』, 『대명률』, 『열국지』 등 온갖 중국 책이 층층이 쌓여 있었어요. 손님들은 조생 같은 책장수가 거의 대부분이었어요.

서점 주인은 훤칠한 풍채에 비단옷을 입고 감투를 쓰고 있었어요. 자기가 원래 양반 출신이라는 것을 은근히 내비치고 싶었던가 봐요.

조생이 서점 안에서 한참 『주자대전』을 찾고 있는데, 책장수 배경도가 두툼한 책 보따리를 들고 다가오면서 알은척을 했어요.

"어이, 조신선! 자네가 여긴 웬일인가? 자네는 광통교에 있는 박도량 서사의 단골 아닌가?"

"응, 숭례문 근처에 사는 어떤 양반이 『주자대전』 한 질을 구해 달라고 해서 여기로 왔다네. 그냥 가까운 데서 구해다 주려고 말일세."

"흐음, 『주자대전』이라? 송나라 주희의 문집이요 100여 책이나 되는 어마어마한 책이 아닌가? 유학자라면 꼭 읽어야 하는 책이고 말일세. 그런데 그건 여기에 없던 것 같은데……. 혹시 모르니 주인한테 가서 물어보게나."

그러고 나서 배경도는 책 보따리를 어깨에 둘러메며 말했어요.

"그럼 나 먼저 가네. 오늘도 책 많이 팔고, 다음에 또 보세나."

조생은 점잖게 앉아 있는 서점 주인에게 다가가 물었어요.

"혹시 여기에 『주자대전』이 있소?"

"아니, 그 책은 다시 찍지 않은 지 오래라오. 저기 광통교 박도량 서사에나 가 보구려."

조생은 하는 수 없이 그곳을 나와 박도량 서사로 달려갔어요. 박도량 서사는 평소 조생이 자주 드나드는 서점이었어요. 박도량이라는 사람이 운영하는데, 규모가 크고 온갖 책들이 빠짐없이 갖추어져 있었지요.

하지만 그곳에서도 『주자대전』을 구할 수가 없었어요. 오히려 국립 출판사인 교서관에 가 보라는 것이 아니겠어요.

조생이 긴 한숨을 내쉬며 박도량 서사를 막 나서려 할 때, 등 뒤에서 귀에 익은 목소리가 들려왔어요.

"어, 조생 아저씨잖아? 아저씨!"

그 목소리의 주인은 바로 꼬마 문필가 추재였어요. 추재가 먼저 와서 책을 구경하고 있었던 거예요.

"엉, 이게 누구야? 꼬맹이잖아! 너도 책 사러 왔니?"

"예. 아버지가 누이한테 준다고 『소학언해』를 사 오라 해서요."

"『소학언해』? 『소학』을 한글로 쉽게 번역해 놓은 책 말이냐?"

"예. 그런데 주인한테 물어보니 그 책은 찍은 지가 하도 오래돼서 시중엔 없대요. 교서관에는 남아 있을지 모르니까 거기로 한번 가 보래요."

"그래? 마침 잘됐다! 나도 『주자대전』을 구하러 교서관에 가야 하는데, 우리 같이 가자꾸나. 책 만드는 것도 구경하고 말이야."

"예, 좋아요!"

국립 출판사, 교서관

조선 시대에 책을 출판하는 일은 대개 나라에서 도맡아 했어요. 그 무렵 책은 한양의 국립 출판사인 교서관과 지방의 관아, 절, 향교 같은 곳에서 찍어 냈답니다. 특히 교서관은 많은 금속 활자와 나무 활자를 갖추고 있어 책을 인쇄하고 보급하는 일에 중요한 역할을 했어요.

교서관에서 책을 인쇄하면 먼저 임금에게 일부를 바친 뒤, 궁중의 도서관과 여러 중앙 관청에 나누어 보관하게 했지요. 또 임금의 친척이나 신하들에게 나눠 주기도 했고요.

조생은 추재를 데리고 남산 밑에 있는 교서관을 찾아갔어요. 교서관은 동쪽으로 3칸, 서쪽으로 5칸, 그 아래에 4칸, 또 북쪽으로 7칸의 건물로 이루어져 있었는데, 그 안에서 여러 가지 책을 인쇄하고 보관했어요. 추재는 교서관의 거대한 규모에 놀라 입이 딱 벌어졌지요.

조생은 추재와 함께 활자를 만드는 주자소부터 가 보았어요. 그곳에는 나무판에 글자를 새기는 각수, 인쇄판에 종이를 대고 찍어 내는 인출장 등 많은 기술자들이 부지런히 일하고 있었어요.

두 사람은 발길을 돌려 교정방으로 들어갔어요. 그곳에서는 열 명 남짓한 관리들이 책상에 앉아 어떤 책을 소리 내어 읽으며 열심히 교정을 보고 있었어요. '교정'이란 종이에 찍어 낸 본문을 책으로 엮기 전에 틀린 글자가 없는지, 인쇄는 제대로 되었는지 꼼꼼히 살펴보는 일이에요. 그때는 책을 소리 내어 읽으면서 교정을 보았답니다. 그들은 지금 『소학』을 교정하고 있는 듯했어요.

"맹자 왈 인지유도야에 포식난의하여 일거이무교면 즉근어금수일세."

그러자 곁에서 듣고 있던 추재가 곧바로 뜻을 술술 풀이하는 것이었어요.

"맹자가 말하기를, 사람에게는 도리가 있으니, 배불리 먹고 따뜻하게 입으며, 편안히 살면서 가르침이 없다면, 그것은 짐승에 가깝다."

"쉿!"

조생은 서둘러 추재의 입을 막았어요. 하지만 교정 보는 관리들의 따가운 눈총과 야단을 피할 수는 없었지요.

"누군데 함부로 들어와서 일을 방해하는 게냐! 틀린 글자나 빠진 글자가 나오면, 우린 한 글자당 30대씩이나 볼기를 맞아야 한단 말이야."

"헉, 30대씩이나요? 죄송합니다."

실제로 교정 보는 일은 여간 힘든 게 아니었어요. 교정은 마치 해도 해도

금속 활자 만들기

우리나라는 고려 시대에 세계 최초로 금속 활자를 만들었어요. 금속 활자는 나무 활자보다 만들기는 어렵지만, 일단 만들어 놓으면 질 좋은 책을 빨리 찍어 낼 수 있었지요. 조선 시대에는 '주자소'라는 관청을 두어 금속 활자를 만들게 했어요. 주자소에서는 대체로 10~20년마다 새로운 금속 활자를 만들었는데, 금속 활자를 만드는 과정은 보통 이러했답니다.

1 먼저 활자 하나 크기로 나무를 자른 뒤 글씨를 뒤집어 붙여요. 그러고는 글씨만 남기고 나머지 바탕을 파내요. 이렇게 만든 나무 활자를 '어미자'라고 해요.

어미자

거푸집

쇳물을 붓기 전에 거푸집에서 어미자를 뽑아 내요.

2 거푸집에 어미자를 가지런히 놓아요.

3 거푸집에 주물모래를 잘 다져 넣은 뒤 나뭇가지 모양으로 쇳물이 흘러 들어갈 길을 만들어요.

활자   가지쇠

5 쇳물이 식어서 굳으면 거푸집을 분리하고 가지쇠를 들어내요. 그리고 가지쇠에서 활자를 떼어 내 다듬어요.

4 위아래 거푸집을 합체한 뒤 쇳물을 부어요.

끝이 없는 집 안 청소와 같아서, 서너 번씩 교정을 봐도 꼭 틀린 글자가 나오곤 했어요. 그래서 아주 엄한 벌칙이 있었는데, 오자(틀린 글자)나 탈자(빠진 글자)가 하나씩 나올 때마다 교정 보는 사람의 볼기를 30대씩 때리는 것이었어요. 그만큼 옛사람들은 책을 귀하게 여겼답니다.

바로 그때, 한 관리가 큰 소리로 말했어요.

"잠깐, 오자 하나 발견이오! 이곳의 '난(煖)'은 '난(暖)'으로 고쳐야 마땅하오."

"맞소이다! 둘 다 '따뜻할 난'으로 음과 뜻은 같지만, 글자가 잘못 쓰였소이다."

"오자를 놓칠 뻔했는데, 저 아이 덕분에 문장을 한 번 더 보게 되어 발견할 수 있었습니다."

"허허, 그러게 말입니다. 아까도 문장의 뜻을 바로 풀이하더니, 참으로 영특한 아이인 듯합니다."

그 말에 추재와 조생은 자신들의 실수를 조금 던 것 같아 안도의 한숨을 내쉬었어요.

마침내 두 사람은 교서관에 있는 서점을 찾아갔어요. 『소학언해』는 겨우 구할 수 있었지만, 『주자대전』은 전부 팔려서 한 권도 남아 있지 않다고 했어요.

그러자 조생이 허탈하고 막막한 심정으로 교서관 관리에게 물었지요.

"책을 꼭 구해야 하는데, 무슨 방법이 없겠소?"

"흠, 일단 주문장을 쓰도록 하시오. 그리고 『주자대전』을 인쇄할 종이와

비용을 갖다주면 우리가 목판으로라도 찍어 주겠소."

"그게 정말입니까? 아이고, 고맙습니다. 그럼 지금 당장 가서 종이부터 구해 오겠소."

종이 공장, 조지서

조생은 기쁜 얼굴로 교서관을 나와 추재에게 말했어요.

"난 종이를 구하러 멀리 세검정에 있는 조지서에 다녀와야겠다. 꼬맹이는 어떻게 할래?"

"저도 따라갈래요. 그런데 종이는 운종가의 지전에도 많은데, 왜 구태여 조지서까지 가세요?"

"많은 양을 한꺼번에 사려면 조지서로 직접 가는 게 좋단다. 조지서는 종이를 만드는 곳이라 훨씬 싸게 살 수 있거든."

두 사람은 창의문을 지나 세검정 근처에 있는 국립 종이 공장인 조지서로 갔어요. 나라에서 이곳에 조지서를 세운 까닭은 세검정 근처에 북한산에서 흘러 내려오는 맑은 시내가 있고, 평평한 돌이 많았기 때문이에요. 그래서 종이를 만드는 데 필요한 물을 구하기 쉽고, 만든 종이를 넓적한 돌에 널어서 말리기가 좋았어요. 또 근처 삼각산과 인왕산에는 종이의 재료인 닥나무도 많이 자라고 있었지요.

이곳 조지서에서도 교서관에서처럼 여러 기술자들이 종이 만드는 과정을 분담해서 매우 전문적으로 일하고 있었어요.

추재는 갓 만들어진 종이를 보고 감탄했어요.

"와, 종이가 정말 곱고 깨끗하다!"

"마치 비단 같지? 아마 세상에서 우리나라 종이가 최고로 좋을걸."

조생은 그곳에서 『주자대전』을 인쇄하는 데 필요한 종이를 매우 싼값에 샀어요.

두 사람이 다시 창의문을 향해 걸어가는데, 세검정 아래 냇가에서 관리들이 뭔가를 냇물에 빨아 바위에 널고 있었어요. 그 사람들 곁에는 종이 더미가 수북이 쌓여 있었고요.

추재가 조생에게 물었어요.

"아저씨, 저 사람들은 누구이고, 대체 뭐 하는 거예요?"

"응, 사관들이 사초를 물에 씻어 내는 거란다. 실록이 완성됐나 보구나. 실록을 만들 때 자료로 쓴 사초를 없애는 걸 보니 말이야."

"왜 귀중한 사초를 없애 버리는 거예요?"

"원래 실록은 아무나 봐서는 안 되는 책이니, 그걸 만드는 데 쓴 사초도 없애는 게 당연하지."

"그런데 왜 불에 태우지 않고 힘들게 물에 씻어 내는 걸까요?"

"예끼, 값비싼 종이를 태워 버리다니! 우리나라 종이는 질이 좋아서 얼마든지 물에 씻어 다시 쓸 수 있단다."

이윽고 두 사람은 창의문을 지나 북쪽 성안으로 들어왔어요. 하루 종일 한양의 남북을 왔다 갔다 한 탓인지 두 사람은 배가 몹시 고팠습니다.

종이 만들기

종이 만드는 과정은 무척 복잡하고 손이 많이 갔어요. 그래서 농사일이 없는 겨울철에 주로 만들었답니다. 최고의 품질을 자랑하는 우리 옛 종이는 어떻게 만들었는지 간략하게 알아볼까요?

종이의 재료는 닥나무 껍질이에요. 11월부터 이듬해 2월 사이에 가지를 베어 내요.

삶은 닥나무에서 벗겨 낸 속껍질을 잿물에 넣고 다시 삶아요.

삶은 '닥(속껍질)'을 나무 방망이로 2~4시간 동안 곤죽이 되도록 두드려 '닥죽'을 만들어요.

지통에 닥죽과 물을 넣고, 발틀을 담갔다가 건지면서 종이를 떠요.

조선왕조실록

『조선왕조실록』은 조선 시대 태조에서 철종까지 25대 472년 동안의 역사를 기록한 것으로, 무려 1,707권 1,187책에 이르는 방대한 역사책이에요. 조선은 나라를 세운 뒤부터 일본에 국권을 빼앗길 때까지 오랜 세월에 걸쳐 실록을 만들었어요.

1 조선 시대에는 왕이 세상을 떠나고 새 왕이 즉위하면 곧바로 실록청이라는 관청을 두어 왕이 살아 있을 때의 일을 책(실록)으로 만들었어요.

2 실록을 만드는 데는 우선 사관이 만든 사초를 기본 자료로 썼어요. 사관은 늘 왕의 곁에 있으면서 보고 들은 내용을 기록했는데, 그 기록을 '사초'라고 해요. 사초를 몇 번이고 고치고 보완한 뒤 최종 내용이 완성되면 금속 활자로 인쇄해 책으로 펴냈어요. 그것이 바로 실록이에요.

3 왕에 관한 기록이 담긴 실록은 아무나 봐서는 안 되는 책이었어요. 그래서 실록을 다 만들고 나면 사초를 냇물에 담가 글자를 씻어 냈답니다. 이를 '세초'라고 해요.

4 편찬한 실록은 하나하나 붉은 보자기로 싸서 나무 상자에 15~20책씩 나누어 담았어요. 그러고는 자물쇠를 채워 단단히 봉인한 다음, 산속에 특별히 지은 창고인 '사고'에 보관했지요. 또 3년마다 한 번씩 사관을 보내 포쇄를 해 주었어요. '포쇄'란 책을 바람과 햇볕에 쐬어 벌레나 습기를 없애 주는 것을 말해요. 책을 오랫동안 보관하는 데 꼭 필요한 작업이었지요.

5 조선 초에는 실록을 서울과 충주, 성주, 전주 등의 사고에 보관했어요. 그런데 임진왜란이 일어나자 서울과 충주, 성주의 사고는 불타 없어지고, 오직 전주에 있는 사고만 무사했어요. 그 뒤로는 사고를 강화도 정족산, 전라도 적상산, 경상도 태백산, 강원도 오대산 같은 깊은 산속으로 옮겼어요. 그래서 『조선왕조실록』은 오늘날까지 온전하게 보존될 수 있었고, 유네스코 세계 기록 유산으로까지 지정되었답니다.

소설에 빠진 여인들

달도 없는 어두운 밤, 드높은 담장을 따라 두 남녀가 걸어가고 있었어요. 종종걸음으로 앞서 가는 여인네는 차림새로 보아 양반집 여종인 듯싶었어요. 여인네 뒤에서 커다란 덩치에 어울리지 않게 오리처럼 뒤뚱거리며 따라가는 사내는 바로 조생이었지요.

"저기, 꼭 이리 늦은 밤에 찾아뵈어야 합니까?"

그러자 앞서 가던 여인네가 걸음을 멈추고 휙 뒤돌아서 말했어요.

"우리가 가는 곳은 삼청동 윤 판서댁입니다. 만약 대감마님께서 이 사실을 아시는 날엔……."

여인네는 다시 종종걸음을 놓았습니다.

이윽고 솟을대문과 중문을 지나 안채 마당으로 들어서니, 방 안에서 나이 어린 여종의 낭랑한 목소리가 들려왔어요. 여종이 등불을 밝힌 채 안방마님에게 한글 소설인 『완월회맹연』을 읽어 주고 있었던 것이지요.

"손자며느리 성완이 가마를 타고 친정으로 돌아가니, 태부인이 마음에 잊기 어려운지라. 성완이 제 침소에서 병을 조리할 때도 남편 인광이 가서 죽으라 재촉하였으나, 태부인은 그것도 모르고 인광이 하는 대로 내버려 두었는지라……."

베개에 기대어 비스듬히 누워 있던 안방마님은 소설의 한 대목이 끝날 때마다 가볍게 장단을 맞추었어요.

"아이고, 우리 성완이를 불쌍해서 어쩔꼬! 쯧쯧쯧."

"인광의 성품이 인자하지 못하여 날이 갈수록 과격하고 난폭해지니, 성완의 일생이 편안치 못할 뿐 아니라 인광의 험악한 성격도 매우 염려스러운지라. 부모가 되어 어찌 그저 두고 보리오."

"저런 못된 놈 같으니라구. 제 아비한테 말해서 아주 단단히 혼쭐을 내 줘야 해."

두 사람은 이렇게 주거니 받거니 하며 한글 소설에 푹 빠져 있었어요.

얼마 뒤, 조생을 데리고 방문 앞에 다다른 여종이 안에 대고 "흠흠." 두어 번 헛기침을 하고서 나지막한 목소리로 아뢰었어요.

"마님, 책장수 조생이 당도했사옵니다."

그러자 책 읽는 소리가 뚝 그치고 방문이 드르륵 열렸어요. 방 안에는 길게 발이 드리워져 있고, 발 안쪽에 안방마님이 위엄 있게 앉아 있었어요. 조선 후기에는 신분이 높은 양반 여성일수록 이처럼 바깥출입을 하거나 외부 사람과 만나는 일이 더욱 어려웠답니다.

"가까이 오게."

안방마님은 아까 여종이 소설 읽는 소리에 맞장구칠 때와는 달리 매우 위엄 있는 목소리로 말했어요.

조생은 마당에 선 채로 허리를 숙여 안방마님에게 인사를 했어요.

"마님, 무슨 일로 부르셨습니까?"

"흠흠, 내 긴히 부탁할 일이 있어 불렀다네. 혹시 『완월회맹연』이라는 책을 아는가?"

"『완월회맹연』이라? 제목만 들어선 무슨 한글 소설인 듯하옵니다."

"그렇다네. 십수 년 전 경복궁 옆 인왕산 밑에 사시던 이씨 부인께서 지은 180권 180책의 한글 소설이지. 당시 그 소설은 궁궐까지 들어가 읽힐 정도로 아주 인기가 많았지. 한데 지금은 그저 낱권으로만 전해질 뿐 모든 책이 빠짐없이 갖추어진 전질이 온전히 남아 있지 않다네. 그 소설을 어떻게든 모두 구해 줬으면 싶네. 우리 집안에서라도 대대로 간직해 후세에 물려주고 싶어서 그러네."

그러자 조생이 조금 난감해하며 말했어요.

"저는 한문으로 된 경전이나 역사책만 팔았지, 아녀자들이 읽는 한글 소설은 팔아 보지 않았습니다. 그러니 어찌 『완월회맹연』 전질을 구해 올 수 있겠습니까? 아무래도 책장수를 잘못 찾으신 것 같습니다."

세계에서 가장 긴 소설

『완월회맹연』은 한글로 된 소설인데 무려 180책이나 되었어요. 조선 후기 무렵에 전 세계에서 가장 긴 소설이었지요. 학자들도 이 소설을 다 읽으려면 꼬박 3년이 걸렸다고 해요. 작가가 누구인지는 정확히 모르고, 다만 이씨 부인(1694~1743년)이라는 여성일 거라 짐작하고 있어요.

"내 그 사정을 모르는 바는 아닐세. 하나 『완월회맹연』은 우리 조선의 위대한 문화유산이라네. 생각해 보게나. 온 천하에서 180권 180책이나 되는 대하소설을 지은 나라가 또 어디 있겠는가? 그런 대작을 아무렇게나 내버려 뒀다가 자칫 한 권이라도 잃어버린다면, 우리는 선조와 후손들에게 크나큰 죄인이 될 걸세. 자네는 조선 최고의 책장수라 들었네. 그러니 나라 안을 몽땅 뒤져서라도 꼭 『완월회맹연』 전질을 구해 주게. 자, 여기 선금이니 받아 두게나."

안방마님이 제법 묵직한 돈주머니를 조생에게 건네주며 말했어요. 안방마님의 목소리에는 어딘지 모르게 사명감과 간절함이 배어 있었어요.

얼마 후 조생이 굳은 얼굴로 대답했어요.

"알겠습니다, 마님. 내일 해가 뜨자마자 광통교 세책가에 가서 『완월회맹연』을 구해 보겠습니다. 그렇지만 전질을 구할 수 있을지는 장담할 수 없습니다."

"그래, 모쪼록 한 책도 빠짐없이 전부 다 구해 주길 바라네. 단, 아무도 모르게 조용히 구해 줬으면 싶네. 내가 한글 소설을 구입했다는 사실을 우리 바깥양반이 아는 날에는……."

안방마님은 생각만 해도 두려운지 순간 몸을 부르르 떨었어요.

"예, 각별히 조심하겠습니다. 염려하지 마시옵소서."

세책가 풍경

이튿날 조생은 『완월회맹연』을 구하기 위해 광통교 세책가(돈을 받고 책을 빌려 주는 곳) 거리로 나갔어요. 그런데 때마침 추재도 그곳을 돌아다니며 세책들을 구경하고 있었지요. 조생은 문득 장난기가 발동해 추재에게 살금살금 다가가 등 뒤에서 큰 소리로 말했어요.

"꼬맹아! 여기서 뭐 하니?"

"아이쿠, 깜짝이야! 하마터면 간 떨어질 뻔했잖아요. 그냥 세책 좀 구경하고 있었어요. 아저씨는 여기에 웬일인가요? 책 팔러 안 가세요?"

"한양에 책이 있는 곳이라면 어디든 이 조생이 있게 마련이지. 오늘은 세책가에 『완월회맹연』이라는 한글 소설을 구하러 왔단다."

"한글 소설이요? 아저씨도 한글 소설을 취급하세요?"

"아니, 북부 삼청동 윤 판서댁 마님이 『완월회맹연』 전질을 구해 달라고 해서 특별히 왔단다. 아, 참! 이 일은 너만 알고 있어라. 만약 윤 판서 대감께서 아시는 날엔……."

"예, 알겠어요. 꼭 비밀로 할게요. 우리 아버지도 한글 소설은 절대로 보면 안 된다고 하셨어요. 거기에 빠지면 아녀자들은 살림을 소홀히 하고, 사내들은 경전 읽기를 게을리하게 된다고요. 한글 소설은 우리 조선의 재앙 중에 가장 큰 재앙이래요."

"허허, 네 아버지도 의외로 고루한 구석이 있었구나. 한글 소설이 뭐가 어때서? 난 세상 사는 이야기가 많이 들어 있어서 좋기만 하던데."

두 사람은 골목 안쪽에 있는 제법 큰 세책가로 들어갔어요. 가게는 주인 대신 젊은 점원이 지키고 있었지요. 가게 안은 옆구리에 바구니를 낀 양반가의 여종들이나 아이를 업은 아낙네, 머리를 뒤로 땋은 소녀들, 지팡이를 짚은 할머니들로 꽤 붐볐어요. 그들은 서로 먼저 책을 빌리거나 반납하려고 한창 실랑이를 벌이고 있었답니다.

"아이고, 나이 지긋한 사람이 왜 새치기를 하고 그러세요. 제가 먼저 왔잖아요."

"미안해요. 우리 주인이 워낙 성질이 급해서 조금만 늦게 가면 회초리로 때린단 말이우. 그러니 아기 엄마가 조금만 양보해 줘요."

"누군 뭐 한가해서 이러고 있는 줄 아세요? 저도 애 업고 있는 거 안 보이세요? 정말 별꼴이야. 당장 뒤로 가세요."

"젊은 사람이 융통성이 없구먼. 하여간 요즘 것들은 경우가 없어서, 원."

"뭐라고요? 지금 누구더러 경우가 없다는 거예요?"

두 사람이 점점 언성을 높이며 싸우려 하자, 점원이 주먹으로 책상을 쾅쾅 두드리며 소리쳤어요.

"아, 조용히 하지 못해요! 계속 떠들면 책이고 뭐고 안 빌려 줄 겁니다."

세책가에서는 보통 한두 푼 정도의 싼값에 책을 빌려 주었어요. 다만 책을 돌려받지 못할 때를 대비해서 돈 몇 푼을 더 받아 두거나 화로며 솥, 심지어 귀중품인 비녀라든가 반지, 팔찌 따위를 맡아 두기도 했어요.

아까 그 나이 든 여종은 기어이 새치기를 해서 먼저 책을 빌렸어요. 여종은 『구운몽』과 비녀를 점원 앞에 내려놓으며 말했어요.

"북부 순화방 안 승지댁이오."

점원은 붓을 들고 혼자 중얼거리며 세책 장부에 기록했어요.

"북부 순화방 안 승지댁, 『구운몽』, 담보로 비녀 한 개라."

바로 이어서 아기 엄마가 책을 돌려주고 얼른 밖으로 나가려 했어요. 그런데 점원이 뭔가 이상한 낌새를 알아차렸는지 아기 엄마를 불러 세웠어요.

"잠깐, 거기 서 보시오!"

그러고는 아주 익숙한 손놀림으로 책을 죽 넘겨 보고 나서 말했어요.

"책에다 낙서하면 어떻게 한다고 했소? 담보로 잡힌 물건을 돌려주지 않고 처분해 버린다고 했잖소."

"아니, 내가 언제 책에다 낙서했다고 그러세요. 괜히 생사람 잡지 마세요."

그러자 점원이 책 속에 아무렇게나 그려진 강아지 그림을 보여 주며 말했어요.

"그럼 이건 뭐요? 이래도 낙서를 안 했다고 우길 테요?"

그것을 보자 아기 엄마는 얼굴을 붉히며 애원하듯 말했어요.

"미안해요. 우리 아들 녀석이 그랬나 봐요. 다시는 안 그럴게요."

"이번에는 그냥 넘어가지만, 다음부터는 담보로 잡힌 물건을 여지없이 처분해 버릴 것이오. 알겠소?"

"예, 알겠어요. 고마워요."

그 뒤로도 아녀자들의 발길은 끊이지 않고 계속 이어졌어요. 그 광경을 지켜보고 있던 추재가 또다시 궁금증이 일어 점원에게 다가가 물었어요.

"한글 소설이 왜 이렇게 아녀자들한테 인기가 많은 거예요? 소설은 다 거짓말이잖아요."

"그래, 소설은 뻔한 거짓말이지. 하지만 말의 꾸밈새가 재미있고, 또 꾀를 써서 남을 해치거나 당하면서 풀어 가는 이야기에 이끌려 자꾸만 보게 되는 거란다."

궁녀들의 소설 필사

추재의 질문이 끝나자 조생이 세책가 점원에게 물었어요.

"이보게, 『완월회맹연』 전질을 구할 수 있겠는가?"

"아, 180권 180책의 『완월회맹연』을 말하는군요. 글쎄, 잘 모르겠는데요. 세책가의 책들은 보통 낱권으로 빌려 주는 경우가 많아서 전질을 구하기가 쉽지 않거든요. 혹시 모르니 우리 주인한테 가서 직접 물어보세요."

"주인이 어디 있는데?"

"지금 안채에 있을 거예요. 저기 옆에 있는 문을 열고 들어가 보세요."

조생은 추재를 데리고 세책가의 안채로 들어갔어요. 방 안에서는 여인 셋이 붓을 들고 어떤 책을 열심히 베껴 쓰고 있었지요. 또 바로 옆방에서는 주인인 듯한 남자가 책 표지를 만들고 한쪽에 구멍을 뚫어 실로 꿰는 등 열심히 책을 엮고 있었고요.

추재가 먼저 그 여인들에게 다가가 물었어요.

"혹시 궁궐에서 일하는 궁녀 아니세요? 입고 있는 옷을 보니 꼭 궁녀 같으신데요?"

"그래, 맞단다. 어제 특별 휴가를 받아 나왔는데, 부모님께 조금이나마

보탬이 될까 해서 소설 필사 일을 하고 있단다."

추재는 궁녀들이 쓴 글씨를 보고 말했어요.

"와, 정말 글씨를 잘 쓰시네요!"

"이게 바로 '궁체'라는 글씨체란다. 정말 곱고 아름답지? 하지만 휴가 기간은 짧고 필사할 책은 많아서 어쩔 수 없이 흘림체로 쓸 때가 많단다."

바로 그때였어요. 옆방에 있던 주인이 밖으로 나오며 크게 소리쳤어요.

"당신들 누구요? 대체 누군데 허락도 없이 안채에 들어와 바쁜 사람들에게 말을 시키고 그러는 거요? 그러다가 글자라도 틀리면 어떡하려고."

그러자 조생이 앞으로 나아가며 대답했어요.

"책장수 조생이올시다. 『완월회맹연』 전질을 구하러 왔소이다."

"『완월회맹연』이요? 그 책은 워낙 책 수가 많은 대하소설이라 전질을 구하기가 쉽지 않을 거요. 우리도 그 소설을 취급하지만, 아마 중간중간 빠진 것이 많을걸요. 사람들이 빌려 가서 아직 돌려주지 않았거나 잃어버린 것도 있어서 말이오. 그 소설의 전질은 아마 궁궐에나 있을 겁니다. 궁궐 사람들은 소설을 아주 소중히 다루거든요."

주인의 말을 들은 조생은 깊은 한숨만 내쉴 뿐이었어요. 그러자 주인이 변명하듯 말했어요.

"처음부터 워낙 수량을 적게 만들었으니 당연하지 않겠소. 종이값도 비싸고 인건비도 만만치 않아서 필사본은 애당초 한두 질이나 서너 질밖에 만들지 않는다오."

"정말 큰일이로세. 마님께서 나라 안을 몽땅 뒤져서라도 『완월회맹연』 전

휴가 나온 궁녀들의 소설 필사

영조 임금은 자기 어머니가 궁녀 출신이었기 때문에 궁녀들에게 '특별 휴가' 제도를 만들어 주었어요. 그런데 가난한 궁녀들은 휴가 중에도 집안 살림에 보태려고 소설을 베껴 쓰는 '아르바이트'를 했어요. 궁녀들은 궁중의 글씨체인 궁체를 아주 잘 썼기 때문에 세책가에서 인기가 많았답니다.

질을 꼭 구해 달라 하셨는데……."

조생은 난감해서 고개를 떨구고 우두커니 서 있었어요. 바로 그때 주인이 뭔가를 곰곰이 생각하더니 조심스럽게 말했어요.

"내게 한 가지 방도가 있기는 한데……."

"예, 한 가지 방도라뇨? 그게 대체 뭡니까?"

"저 궁녀에게 다음번 휴가 나올 때 『완월회맹연』을 빌려 오라고 하겠소. 그걸 내가 다시 깨끗이 필사해서 전질을 만들어 드리리다."

"그게 정말이오? 아이고, 고맙습니다! 얼른 가서 그리 전하겠소."

조생은 벌써 『완월회맹연』을 구하기라도 한 것처럼 덩실덩실 어깨춤을 추며 기쁜 소식을 전하러 윤 판서댁을 향해 달려갔습니다.

규방 여성들의 소설 읽기 열풍

조선 후기 양반가의 여성들은 자유로이 밖에 나가지 못하고 거의 집 안에서만 지냈어요. 그러다 보니 무척 답답했답니다. 또한 남성들은 한문을 계속 고집했지만, 여성들은 쉽고 간편한 한글을 주로 사용했어요. 그래서 자연스레 여성들은 한글 소설 읽기를 무척 좋아하게 되었어요. 요즘으로 치면 텔레비전 드라마를 좋아하는 것과 같은 셈이었지요.

그 무렵 양반 여성들은 한글 소설 중에서도 특히 줄거리가 복잡하고 분량이 많은 대하소설을 좋아했어요. 『춘향전』이나 『흥부전』처럼 내용이 간단하고 분량이 짧으면 시시하고 재미없다고 생각했지요. 그때 양반 여성들에게 가장 인기 있었던 소설은 『소현성록』(15책), 『옥원재합기연』(21책), 『현씨양웅쌍린기』(10책), 『명주기봉』(24책), 『명주보월빙』(100책), 『완월회맹연』(180책) 같은 작품들이었어요. 제목이 좀 낯설고 중국 소설처럼 보이기도 하지만, 대부분 우리나라 여성들이 짓고 즐겨 읽었던 작품들이랍니다.

이 한글 소설들은 여성 작가나 몇몇 선비들이 지어서 광통교 부근의 세책가에 내다 팔았어요. 그러면 세책가에서는 필사본을 여러 권씩 만든 다음, 양반이나 중인, 평민 여성들에게 돈을 받고 빌려 주었답니다. 그중 인기 있는 소설들은 궁궐까지 전해져서 궁체로 다시 깨끗이 필사되어 읽히기도 했고요.

당시 여성들의 소설 읽기 열풍은 정말 대단했다고 해요. 정조 임금 시절의 명재상 채제공이 이에 대해 쓴 글을 한번 살펴볼까요.

채제공: 가만히 살피건대, 요즘 여자들이 서로 다투어 하는 일이란 오직 언문 소설(한글 소설)을 숭상하는 것이다. 그래서 언문 소설이 날로 달로 증가하여 그 종류가 수백 수천을 헤아리게 되었다. 세책가에서는 이를 깨끗이 필사해서 무릇 빌려 보는 자가 있으면 그 값을 받아서 이익을 얻고 있다. 한데 아녀자들이 식견이 없어서 비녀나 팔찌를 팔거나 돈을 빚내서 서로 다투어 빌려 보며 지루한 시간을 보내고자 한다.

이렇듯 그때 여성들은 비녀, 팔찌 따위를 팔거나 빚을 내서라도 책을 빌려 볼 정도로 한글 소설을 좋아했어요. 그래서 심지어 이덕무나 정약용 같은 실학자들조차 여성들의 소설 읽기 열풍을 아주 나쁘게 바라보았지요.

이덕무 : 한글 소설을 탐독하며 집안일을 방치하거나 그 외 여자가 할 일을 게을리해서는 안 된다. 그런데 심지어 돈을 주고 한글 소설을 빌려 보는 등 거기에 빠져 집의 재산을 파탄 내는 자까지도 있다.

정약용 : 한글 소설은 인간의 재앙 가운데 가장 큰 재앙이다. 음탕하고 추한 말들이 사람의 마음을 방탕케 하고, 사특하고 요사스런 내용들이 사람의 지식을 미혹시키며, 황당하고 괴이한 이야기들은 사람의 기품을 교만하게 하며, 나약한 글들은 사람의 씩씩한 기운을 없애 버린다. 자식들이 이것을 보면 경전과 역사 공부와 멀어지게 되고, 재상은 조정의 일을 소홀히 하며, 부녀자들은 길쌈하는 일을 폐할 것이니, 천지간의 재해가 이보다 심한 것이 어디 있겠는가.

이처럼 그 시기의 남성들은 여성들의 소설 읽기 열풍을 나쁘게 생각했어요. 그래서인지 이 무렵에 지어진 소설에는 거의 다 글쓴이의 이름이 나와 있지 않답니다. 세상 사람들의 비난이 두려워 글쓴이들이 이름을 밝힐 수 없었던 것이지요.

책 읽는 여인(서울대학교박물관 소장)

나이도 밥도 먹지 않는 사람

이듬해 정월 대보름, 수표교 주변에서는 아이들의 연날리기가 한창이었어요. 정월 대보름이면 한양의 아이들이 모두 이곳에 나와 연날리기를 했지요. 어떤 아이들은 나쁜 운수를 막는다는 뜻으로 연에다 '액(厄)' 자를 써서 일부러 멀리 날려 보내기도 하고, 어떤 아이들은 서로 연싸움을 벌이기도 했답니다.

"얘들아, 칠복이 연줄에는 치자 물을 들였는지 아주 그냥 쟁쟁 소리가 난다."

"그래, 올해도 칠복이가 연싸움에서 일등 할 모양이야."

"아냐. 덕팔이 연줄엔 자석 가루를 발랐대. 아마 칠복이 연줄은 닿자마자 확 끊어져 버릴걸."

"어어! 덕팔이 연줄이 끊어졌다."

아이들은 어이없다는 듯 입을 벌리고 계속 서 있었어요.

한편, 수표교 아래 개천에서는 어른들이 둥그렇게 모여 서서 닭싸움에 열을 올리고 있었어요. 길들인 수탉을 싸움시켜 구경거리로 삼기도 하고, 어떤 사람들은 닭에 돈을 걸기도 했지요.

"어이, 정 서방! 자네 닭은 지금 뭐 하고 있는 게야? 그러게 내가 발톱이 쇠고리 같고 볏이 멋진 놈을 사라고 하지 않았던가."

"이게 다 형님 때문 아니우. 형님이 일러 준 대로 닭을 샀더니만 겉만 번드르르하지 실속이 없잖우. 꼭 형님마냥……."

"뭐라구?"

닭싸움을 놓고 서로 티격태격하는 두 어른 곁에는 추재도 있었어요. 꼬마 문필가 추재는 추운 날씨에도 아랑곳하지 않고 청계천 주변을 쏘다니며 재미있는 이야깃거리를 찾고 있었던 거지요. 추재가 한참 닭싸움 구경에 푹 빠져 있을 때, 수표교 위에서 느닷없이 돌아가신 할아버지의 목소리가 들려왔어요.

"추재 이놈! 거기서 뭣 하느냐. 애들은 그런 거 보면 못쓴다."

추재가 깜짝 놀라 올려다보니 조생이 얇은 베옷에 짚신만 신은 채 다리 위에 서서 껄껄껄 웃고 있었어요.

"어휴, 조생 아저씨였어요? 저는 돌아가신 우리 할아버지가 나타나신 줄 알았잖아요. 근데 어떻게 우리 할아버지 목소리를 낼 수 있어요? 혹시 우리 할아버지를 아세요?"

"그럼, 옛날에 네 할아버지와 아주 가까운 친구였지. 그놈도 너처럼 아주 똑똑했는데……."

"예? 거짓말하지 마세요. 아저씨가 어떻게 우리 할아버지와 친구가 될 수 있어요? 아저씨는 우리 아버지와 비슷한 나이잖아요?"

"허허허, 사실 네 할아버지는 나보다 더 나이가 어렸단다."

"에이, 장난하지 마세요."

추재가 다시 조생의 얇은 옷차림을 보고 말했어요.

"그런데 아저씨는 춥지도 않으세요? 한겨울인데 베옷에다 짚신만 신고 말이에요."

조생은 평생 베옷 한 벌과 짚신 한 켤레로 살았는데, 그 차림새는 계절이 바뀌고 해가 바뀌어도 변함이 없었다고 해요.

"춥기는! 몸에서 열이 펄펄 나 더워 죽겠다."

"안 춥기는요. 귀와 얼굴이 온통 벌건데요. 그러지 말고 우리 집에 가서 몸도 녹이고 떡국도 한 그릇 잡숫고 가세요. 우리 아버지도 아저씨가 어떻게 지내는지 궁금하다고 했어요."

그 말에 조생은 마지못해 추재를 따라나섰어요.

추재의 집은 그리 크지 않은 아담한 기와집이었지만, 대문간에 손님을 대접하는 조그마한 사랑방이 따로 있었어요. 추재가 떡국을 준비하러 안채로 간 사이, 조생은 혼자서 사랑방에 들어가 몸을 녹였어요.

"추재 녀석이 똘똘해서 정말 다행이야. 하마터면 얼어 죽을 뻔했네."

그때 추재의 아버지가 방문을 열고 들어오며 아까 추재가 했던 말과 똑같은 말을 했어요.

"아이고, 춥지도 않으세요? 이렇게 추운 날 베옷에 짚신만 신고 다니다니……. 혹시 솜옷이 없으면 제 옷이라도 한 벌 드릴까요?"

"아닙니다. 나는 평생 베옷에 짚신만 신고 다녔습니다. 너무 걱정하지 마세요."

추재의 아버지가 또 물었어요.

"조생은 나이가 몇이십니까? 생각해 보니 여태 나이도 모르고 있었네요."

그러자 조생이 고개를 갸웃거리며 대답했어요.

"글쎄요, 나도 잘 모르겠는데요. 평생 나이를 세어 보지 않아서……. 한 서른다섯쯤 되었을까요?"

"예? 서른다섯이라니요. 제가 어릴 때부터 계산하면 아무리 못해도 팔십은 넘었을 듯한데요. 그래도 제가 어릴 때 봤던 모습과 똑같으니, 참 이상하단 말이에요."

나이를 물으면 조생은 항상 껄껄껄 웃으면서 "나이를 잊어버렸다."고 하거나, "내 나이는 서른다섯이다."라고 했답니다. 실제로 조생은 80살이 되어도 전혀 늙지 않았고, 또 어떤 사람은 조생이 130~140살을 살았다고 말했어요.

추재의 아버지는 평소 조생에 대해 궁금한 점이 많았는지 계속 물었어요.

"지금 사는 곳은 어디예요? 한양 어느 동네에 사시는지? 또 식구는 어떻게 되세요? 처자식은 당연히 있겠지요?"

하지만 조생은 엉뚱한 말을 하면서 제대로 대답하지 않았어요.

"허허, 나이조차 잊은 채 책장수를 하고 있으니 어찌 늙을 수가 있겠습니까. 그러니 나야말로 지상에 사는 신선이라 할 수 있지요."

그때 추재가 떡국 한 그릇과 간장, 동치미가 놓인 밥상을 들고 방 안으로 들어왔어요. 설을 쇤 지 얼마 안 되어 특별히 떡국을 대접하는 것이지요.

그것을 보고 추재의 아버지가 말했어요.

"날도 추우니 떡국 좀 드세요."

그러나 조생은 손을 내저으며 웃는 얼굴로 대답했어요.

"아닙니다. 난 평생 동안 밥을 먹어 본 적이 없습니다."

"밥을 먹어 본 적이 없다니요? 어째서 밥을 먹지 않는단 말입니까?"

"밥을 하려면 자연히 더러운 것들을 손으로 만져야 하지 않습니까?"
"아니, 그럼 도대체 무얼 먹고 산단 말입니까?"
그러자 조생이 품에서 술병을 꺼내 흔들어 보였어요.
"헤헤, 술을 먹고 살지요. 책을 팔아 돈이 생기면 주막에 가서 술을 사 먹습니다."
그 말에 추재의 아버지는 놀랍다는 듯이 아무 말도 못하고, 추재도 도저히 이해할 수 없다는 투로 말했어요.
"사람이 어찌 평생 술만 먹고 산단 말이에요. 그럼 아저씨 몸에는 피가 아니라 술이 흐르고 있겠네요, 하하하."

조선 최고의 책장수

결국 추재가 조생을 대신하여 떡국을 먹고 있을 때, 추재의 아버지가 또다시 조생에게 물었어요.
"비가 오거나 눈이 오는 날에는 집에서 혼자 뭐 하세요? 보아하니 가족도 없는 것 같은데."
"내 방에 쌓아 둔 책들을 관리하지요. 구겨진 곳은 다리미로 곱게 펴고, 서두(책벌레)가 파먹거나 찢어진 곳은 뒤에 종이를 대서 깨끗이 붙이고, 떨어져 없어진 표지는 다시 만들고, 끊어진 책 끈은 새로 고쳐 매지요. 그렇게 하다 보면 시간 가는 줄 모른답니다."

책 속에 사는 벌레, 서두

오래된 책을 펼치면 가끔 벌레가 나올 때가 있습니다. 바로 '서두'라는 책벌레지요. 몸은 은백색에 길이는 15밀리미터 정도이고, 작은 머리에 긴 더듬이가 달려 있어요. 서두는 햇볕을 몹시 싫어해서 어둡고 습한 책 틈바구니에 살며, 종이 파먹기를 즐긴답니다.

"책을 그렇게 아끼고 좋아하는 걸 보면, 책도 많이 읽었겠네요. 정말 부럽습니다."

"아뇨, 나는 책을 읽지는 않습니다. 하나 어떤 책을 누가 지었고, 누가 해설을 달았으며, 몇 권 몇 책으로 되어 있는지, 거기다 그 책을 누가 소장하고 있는지는 훤히 알지요. 고로 천하의 책은 모두 내 책이요, 조선 땅에서 나보다 책을 많이 아는 자도 없을 겝니다, 에헴."

"예, 역시 조선 최고의 책장수라 할 만합니다."

얼마 뒤, 떡국 한 그릇을 다 비운 추재가 밥상을 안방에 가져다주고 돌아왔어요. 추재의 아버지는 아직도 물어볼 것이 많은 듯했어요.

"책 장사를 아주 잘한다고 들었는데, 혹시 무슨 비결이라도 있는지요?"

"책 장사에 비결이랄 것까지 있겠습니까. 하긴, 사람을 한 번 척 보기만 해도 어떤 책이 필요한지 알아보는 게 비결이라면 비결이랄 수 있겠네요."

"아니, 귀신도 아니고 그 사람에게 필요한 책을 어찌 안단 말입니까?"

"그 사람의 기운을 보고 알지요. 입을 굳게 다물고 근엄한 기운을 풍기면 경서나 사서(역사책)를 찾을 것이요, 말도 걸기 어려울 정도로 엄숙하고 철두철미한 기운을 풍기면 법전을 찾을 것이요, 호기심이 많고 상상력이 풍부한 기운을 풍기면 소설을 찾을 것입니다. 그러면 난 그 사람에게 필요한 책을 보여 주고 반드시 팔곤 하지요."

"그 사람의 기운을 보고 필요한 책을 알아맞히다니 정말 대단하네요. '조신선'이라는 별명이 빈말이 아닌 듯합니다. 한데 장사는 잘되나요? 책이야 유식하고 돈 있는 양반이나 중인이 사서 보지 않습니까?"

그러자 곁에 있던 추재도 한마디 거들었어요.

"맞아요! 무지하고 가난한 백성들이 책을 사서 볼 리는 없잖아요."

하지만 조생은 고개를 가로저으며 대답했어요.

"아니란다. 요즘은 양반과 중인뿐 아니라 일반 백성들 중에도 책을 좋아하는 이가 많아졌단다. 남녀노소 할 것 없이 모두 책에 빠져 있지. 오죽하면 조선 사람들은 책을 매우 좋아해서, 중국에 없는 책들이 조선에는 있다는 말까지 나왔겠느냐."

그 말에 추재의 아버지도 맞장구치며 말했어요.

"하긴, 우리 추재도 평민의 자식이지만 어릴 때부터 책을 아주 좋아해서 벌써 문장까지 짓고 있지요."

이런저런 이야기를 나누는 동안 조생은 얼었던 몸이 풀려 노곤한지 연신 하품을 해 댔어요. 그래서 추재의 아버지가 한숨 자고 가라고 권했지만, 조생은 배가 고파 주막에 술을 사 먹으러 가야 한다며 자리에서 일어났어요.

노비 박돌몽의 주경야독

박돌몽은 나라에 필요한 물건을 대 주는 상인 김씨의 노비였어요. 돌몽은 어릴 때부터 머리가 좋았지만 신분이 천하고 집이 가난해서 서당에 다닐 수가 없었지요. 주인집 아이가 사랑방 마루에 앉아 책을 읽고 있으면, 돌몽은 토방에 서서 힐끗힐끗 넘겨다보곤 했어요. 비록 뜻은 이해하지 못해도 주인집 아이가 읽는 대목을 따라 하니 한자의 음은 알 수 있었거든요. 나중에는 주인집 아이가 글을 읽다 막히면, 도리어 돌몽에게 묻곤 했답니다.

그 이웃에 정 선생이라는 분이 살았어요. 젊었을 때 교서관의 아전으로 있었는데, 늙어서 병이 들자 성균관 앞에 서당을 차리고 아이들을 가르쳤지요. 돌몽이 장가들고 나서 정 선생을 찾아가 배움을 청하니 흔쾌히 받아 주었어요. 1년 만에 『소학』, 『논어』, 『맹자』를 떼어 버리니, 정 선생이 매우 기특하게 여겼어요. 돌몽은 횃불을 묶을 때도 공자 왈 맹자 왈 하며 글을 외우고, 도끼를 들고 장작을 팰 때도 공자 왈 맹자 왈 하며 글을 외웠어요. 그래서 사람들은 돌몽을 바보 같은 놈이라고 놀려 댔답니다.

하루는 돌몽이 아내와 함께 세검정 부근에 있는 냇가로 빨래하러 갔는데, 그 냇물에 펑퍼짐한 돌이 많이 있었어요. 돌몽은 빨래를 하다 말고 먹을 갈아 붓을 쥐고 『소학』을 베끼기 시작했어요. 때마침 조 판서의 아들이 그곳을 지나다가 돌몽이 하는 짓을 보고 이상히 여겨 물었어요.

"너는 무얼 하는 사람이냐?"

돌몽은 글을 쓰다 말고 일어나 공손히 대답했어요.

"상인 김씨네 집 노비로 있습니다."

"네 주인이 누구인지는 몰라도 참으로 어리석다. 어찌 너 같은 사람을 종으로 부린단 말이냐. 내가 너의 주인을 꾸짖어 노비 신분에서 풀어 주마."

"저 때문에 늙은 주인이 힘들어하는 것은 의로운 일이 아닌 듯합니다."

얼마 뒤 돌몽은 전옥(죄를 지은 사람을 가두던 옥)의 아전이 되었는데, 소문에 따르면 조 판서의 아들이 힘써 준 덕분이었다고 해요.

서당과 천자문

오늘도 조생은 힘차게 발걸음을 놀렸어요. 이교(지금의 종로 5가) 근처의 큰길을 따라 올라가니, 언덕 위에 자리 잡은 제법 큰 집이 눈에 들어왔지요. 그 집은 바로 동네 아이들을 모아 놓고 글을 가르치는 서당이었어요. 조생이 서당 앞에 닿았을 때, 마침 공부 시간인지 아이들의 글 읽는 소리가 대문 밖까지 흘러나왔어요.

"하늘 천(天), 땅 지(地), 검을 현(玄), 누를 황(黃)······."

조생은 혹시라도 공부를 방해할까 싶어 조심스럽게 대문을 열고 서당으로 들어갔어요. 넓은 마루에 10명쯤 되는 아이들이 앉아, 책을 앞에 놓고 몸을 천천히 좌우로 흔들며 큰 소리로 『천자문』을 외우고 있었어요. 아이들 앞에는 네모난 정자관을 쓴 나이 든 훈장이 앉았는데, 그 앞에도 『천자문』이 놓여 있었지요.

이윽고 훈장이 고개를 들고 학동들에게 말했어요.

"다들 지금까지 배운 내용을 충분히 익혔겠지? 자, 그럼 한 사람씩 앞으로 나와 이제까지 배운 것을 외워 보아라."

훈장의 말에 몇몇 아이들은 벌써부터 울상을 지었어요. 특히 아까부터 더듬거리며 읽던 한 아이는 더욱 심하게 울상을 지었지요.

때맞추어 학동 대표가 회초리 서너 개를 가져다가 훈장의 책상 위에 올려놓았어요.

학동들은 한 명씩 훈장 앞으로 나가 지금까지 배운 『천자문』의 글귀를 암

송했어요.

"별 진(辰), 잘 숙(宿), 벌일 렬(列), 베풀 장(張)……."

훈장은 머뭇거리거나 틀리게 읊는 학동이 있으면 회초리로 어깨나 등을 사정없이 내리쳤어요. 그러면 아이들은 정신을 바짝 차리고 재빨리 몸을 좌우로 흔들며 귀청이 찢어지는 듯한 소리로 다시 읊었어요.

마지막으로 아까 더듬거리던 그 아이가 앞으로 나와 떨리는 목소리로 『천자문』을 암송하기 시작했어요.

"벼~얼 진, 자~알 숙……."

그러나 그 아이는 한 구절도 채 외우지 못하고 서당 지붕이 무너질 정도로 목 놓아 울어 버렸어요.

"으헝헝……."

그러자 훈장이 두 눈을 부릅뜨고 호통을 쳤어요.

"썩 그치지 못할까! 대체 몇 자나 배웠다고 그까짓 것도 제대로 외우지 못하는 게야? 그러니까 책도 사서 갖고 다니고 집에서도 부지런히 익히라고 했잖느냐!"

그런데도 아이는 억울하다는 듯 어깨를 들썩이며 더욱 목 놓아 울어 댔어요.

"으헝! 울 어머니가 돈이 없다고 책을 안 사 주잖아요, 으헝으헝!"

그 모습을 보고 다른 학동들은 큰 소리로 웃으며 떠들어 댔어요. 그중 부잣집 도령으로 보이는 한 아이가 비웃는 투로 말했어요.

"이 멍청아! 공부는 아무나 하는 줄 아니? 공부도 다 돈이 있어야 하는 법

이야. 멍청이, 바보 멍청이!"

그 말에 훈장이 회초리로 탕탕탕 책상을 두드리며 소리쳤어요.

"다들 조용히 하지 못할까! 사람은 아무리 돈이 없어도 배워야 한다. 그래야 사람답게 살 수 있는 게야."

그러자 또 다른 아이가 손을 들고 물었어요.

"훈장님, 방금 말씀하신 사람답게 산다는 건 무슨 뜻입니까?"

"사람답게 산다는 건, 반대로 짐승처럼 살지 않는다는 말과 같으니라. 짐승처럼 아무렇게나 행동하지 않고, 잘못을 하면 부끄러워할 줄 안다는 뜻이지."

훈장은 다시 모든 학동들을 향해 말했어요.

"조금 쉬었다가 새 글자들을 익히도록 하자. 자, 다들 밖에 나갔다가 오도록 하여라."

학동들은 기다렸다는 듯이 우르르 밖으로 몰려 나갔어요. 어떤 아이들은 바지춤을 움켜쥐고 뒷간에 가거나 물을 마시러 가고, 어떤 아이들은 마당에서 말타기나 씨름을 하기도 했지요.

조생은 아까부터 계속 처마 밑에 앉아 싱글벙글 웃으며 학동들이 노는 모습을 바라보고 있었어요. 그러면서 오늘 책을 팔 만한 학동들도 찾았는데, 방금 전에 한바탕 울음보를 터뜨렸던 아이에게 『천자문』을 팔 수 있을 듯했어요. 조생이 두리번거리며 마당을 둘러보니, 그 아이는 장독대에 홀로 앉아 고개를 숙이고 훌쩍거리고 있었어요.

조생은 그 아이에게 다가가 다정히 말을 걸었어요.

"애야, 아까 왜 훈장님한테 혼났니?"

"지금까지 배운 것을 암송하지 못해서요. 쳇! 책도 없는데 뭘 보고 글자를 익히냔 말이야."

아이는 여전히 훈장님이 원망스러운지 마루 쪽을 힐끗 쳐다보았어요. 그러자 조생이 소매 속에서 『천자문』을 꺼내 아이에게 내밀었어요.

"그럼 너도 『천자문』을 사면 되잖느냐."

"와, 『천자문』이다!"

아이는 몹시 갖고 싶었는지 얼른 빼앗아 책장을 죽 넘기며 살펴보았어요. 하지만 금세 조생에게 되돌려 주며 말했어요.

"전 필요 없어요. 우리 어머니가 먹고살기도 힘든데 어떻게 그 비싼 책을 사 주겠느냐고 했어요. 서당에 보내 준 것만도 감지덕지하래요."

실제로 그 무렵 책값은 쌀값보다도 더 비쌌어요. 그래서 가난한 사람들이 책을 구하기란 하늘의 별 따기만큼 어려웠지요.

조생은 잠시 생각하다가 아이에게 다시 책을 건네주며 말했어요.

"그럼 이건 어떠니? 어머니한테 가서 책값을 한꺼번에 갚지 말고 다달이 조금씩 나눠 갚아도 된다고 해라. 내 그리해 주마. 그 대신 공부 열심히 해야 한다."

"정말요? 와, 신난다! 아저씨 최고예요!"

아이는 『천자문』을 품에 안고 무척 좋아하면서 다른 아이들에게 자랑하러 갔어요. 조생은 다시 몇몇 학동에게 다가가 책을 팔려고 했지만, 모두 돈이 없거나 비싸다면서 사지 않았어요. 아까 가난한 아이를 놀렸던 부잣

집 도령조차도 책을 사려 들지 않았지요.

성균관 유생들

조생은 하는 수 없이 서당을 나와 성균관을 향해 내달렸어요. 조선 최고의 교육 기관인 성균관 유생들은 그나마 책을 사 볼까 해서였지요.

조생이 성균관에 도착하니, 한 남자가 유생들에게 둘러싸여 책과 말 보따리를 풀어 놓고 있었어요. 책들을 펼쳐 놓고 침을 튀겨 가며 하는 말이 어찌나 유창하던지, 몇몇 유생들은 벌써부터 소매 속에서 돈을 꺼내 들고 있었지요. 누군가 싶어 조생이 가까이 가 보니, 바로 책장수 배경도였어요.

앞에서 얘기한 것처럼 배경도는 중국 책을 많이 취급했는데, 청나라의 역사가 주린이 지은 『명기집략』이라든가 『강감회찬』, 『봉주강감』 같은 금서도 거리낌 없이 떼어다가 팔았어요. 과연 오늘도 그런 책들을 가져와 유생들에게 팔고 있었지요. 조생은 배경도의 앞날이 걱정스럽다는 듯이 긴 한숨을 내쉬었어요.

바로 그때, 배경도가 조생을 발견하고는 재빨리 유생들을 흩어 보내고 와서 인사를 건넸어요.

"이보게, 조신선! 오늘은 무슨 일로 성균관을 찾아왔는가? 여기는 내 구역인데 말이야."

"지나가던 길에 잠깐 들렀다네. 요즘 성균관 유생들은 어떻게 지내는지

조선 시대의 학교

조선 시대에도 오늘날처럼 책을 가장 많이 사 보는 사람은 공부하는 학생들이었어요. 그러니까 교과서나 참고서 같은 교재가 가장 잘 팔리는 책이었지요. 특히 조선 후기로 갈수록 양반뿐만 아니라 중인이나 평민들까지 교육열이 높아져서 학습 교재가 더 많이 필요했어요. 그래서 책장수들은 틈나는 대로 학생들이 공부하는 곳을 찾아다니며 책을 팔았어요.

서당

조선 시대 서당은 요즘의 초등학교였어요. 보통 일고여덟 살부터 다니기 시작했어요. 서당에 들어가면 맨 처음 『천자문』을 배우고, 이어서 『동몽선습』, 『명심보감』, 『통감』, 『소학』 등을 배웠어요. 선생님인 훈장이 먼저 한자 읽는 법과 뜻을 알려 주면, 학동들은 훈장을 따라 읽으며 뜻을 새겼어요.

4부 학당

학당은 한양의 동부·서부·남부·중부에 한 군데씩 있었어요. 그래서 '4부 학당'이라고 불렸지요. 4부 학당은 성균관의 부속 교육 기관이었고, 열 살이 넘은 양반과 상민의 자제들이 입학할 수 있었답니다. 4부 학당에서는 주로 『소학』과 사서오경 같은 좀 더 어려운 책들을 배웠어요.

서당 (국립중앙박물관 소장)

죽책 (국립민속박물관 소장)
대나무 쪽에 글귀를 적어 통에 넣었다가 하나씩 빼서 외웠다.

성균관

성균관은 조선 시대 최고의 교육 기관이었어요. 요즘으로 치면 국립 대학 같은 곳이었지요. 성균관에는 아무나 입학할 수 없었어요. 과거의 1차 시험을 통과한 사람만이 들어갈 수 있었지요. 성균관 유생들은 동재, 서재라는 기숙사에서 생활했어요. 그리고 모두 국가에서 장학금을 받았지요. 성균관은 최고 교육 기관답게 공부할 내용이 많았어요. 사서오경을 비롯한 경전과 역사책을 공부하는 것은 물론이고, 여러 가지 형식의 문장을 짓는 훈련도 했답니다. 성균관 유생들은 열심히 공부하여 과거 시험을 준비했는데, 그 기간은 보통 3년이 넘었다고 해요.

궁금해서 말일세."

그러고 나서 조생은 굳은 표정으로 조용히 말했어요.

"자네 아직도 주린의 책들을 팔러 다니는 겐가? 성균관 유생들은 그나마 책을 많이 사는 편이니, 경전이나 역사책만 팔아도 먹고살기에 충분하지 않은가. 이젠 제발 그런 위험한 책들을 취급하지 말게나. 자칫 잘못하면 큰 봉변을 당할 수도 있다네."

그러자 배경도가 갑자기 언성을 높이며 변명하듯 말했어요.

"내가 언제 주린의 책들을 팔았다고 그러는가. 그리고 주린의 책들은 다른 책장수들도 모두 팔고 다니지 않는가. 왜 자꾸 나만 가지고 그러는가. 자네, 나한테 무슨 불만이라도 있는 겐가?"

"아니, 자네가 유독 주린의 책들을 많이 취급해서 그런다네. 앞날이 걱정돼서 말일세."

"제발 내 걱정일랑 말게. 내가 무슨 책을 팔러 다니든 자네가 무슨 상관이란 말인가. 에잇, 재수 없어. 퉤퉤퉤!"

배경도는 연달아 침을 뱉고는 책 보따리를 어깨에 둘러메고 재빨리 자리를 피해 버렸어요. 조생은 정말 어쩔 수 없다는 듯 고개를 절레절레 흔들었어요.

주린의 조선사 왜곡

유만주는 홀로 사랑방에서 등불을 밝힌 채 지난번 조생에게서 구입한 『패문』이라는 중국 어휘집을 읽고 있었어요.

"아, 중국어 어휘는 정말로 다양하고 뜻이 깊구나! 사람들은 나더러 간서치라 놀리지만 나는 책 속에서 온갖 세상을 접하니, 이 어찌 즐겁지 아니한가."

그때 골목에서 개 짖는 소리가 들려오고 등불이 조금 흔들렸어요. 얼마 뒤, 누가 다급하게 대문을 두드리는 소리가 들려왔습니다. 청지기는 벌써 깊은 잠에 빠졌는지 아무 기척도 없었어요. 하는 수 없이 유만주가 직접 마당으로 나가 보니, 대문을 두드리는 사람은 다름 아닌 책장수 조생이었어요. 유만주는 얼른 빗장을 벗기고 대문을 열어 주었지요.

"아니, 책장수 조생이 아닌가. 이 야심한 시각에 무슨 일인고?"

"역시 밤늦게까지 책을 읽고 계실 줄 알았습니다. 급히 드릴 말씀이 있어 왔습지요."

"아무리 그래도 그렇지……. 아무튼 일단 들어가세."

유만주는 사랑방으로 들어가 자리에 앉으며 조생에게 물었어요.

"그래, 대체 무슨 일인가?"

그러자 조생이 잠시 숨을 고르고 조심스레 말문을 열었어요.

"나으리, 앞으로는 제가 책을 구해 드리지 못할 것 같습니다. 당분간 한양을 떠나 있어야 해서요."

"당분간 한양을 떠나 있어야 하다니, 그 무슨 섭섭한 말인가. 저번에 부탁한 중국 소설과 『명기집략』은 또 어떡하고?"

"예, 바로 그 『명기집략』 때문에 그럽니다."

유만주가 어리둥절해하자, 조생이 본격적으로 이야기를 꺼냈어요.

"혹시 나으리도 청나라 주린의 책들을 가지고 계십니까? 『명기집략』이라든가 『강감회찬』, 『봉주강감』 같은 책들 말입니다. 설마 『명기집략』을 벌써 구입하신 건 아니겠지요?"

"아니, 단 한 책도 갖고 있지 않다네. 난 그대가 구해다 주길 얌전히 기다리고 있었지."

"그렇다면 천만다행입니다. 앞으로도 주린의 책들은 절대 가지고 있어서도, 읽어서도 안 됩니다. 요즘 양반들 사이에서 주린의 책들이 많이 읽히고 있는데, 조정에서 결코 가만두지 않을 겁니다. 머잖아 주린의 책과 관련된 자들을 모조리 다 잡아들일 겁니다."

"대체 그게 무슨 말인가? 주린의 책들이 뭐가 문제기에……. 혹 풍속을 해치는 내용이나 조선의 유교 정신을 비꼬는 내용이라도 있는 겐가?"

"그 정도만 되어도 얼마나 다행이겠습니까."

조생은 길게 한숨을 내쉬고는 말을 이었어요.

"주린은 우리 조선 왕실의 계보를 심하게 왜곡시켜 놓았습니다. 주린은 명나라의 역사를 쓰면서 조선의 태조 대왕이성계가 고려의 신하 이인임의 아들이라 적고, 인조 대왕의 행적도 잘못 기록해서 우리 조선의 명예를 크게 떨어뜨렸지요. 게다가 그것이 우연한 실수가 아니고 의도적인 역사 왜곡이라는 것입니다."

"허허, 그자가 우리 조선에 무슨 악감정이 있기에……. 한데 주린의 책들은 중국의 공식 역사서가 아닌 단순한 개인의 역사서에 불과하지 않은가? 그러니 너무 크게 걱정하지 않아도 될 듯한데."

"꼭 그렇지만은 않습니다. 그 책들은 지금 중국에서도 아주 유행하고 있답니다. 하여 자칫 잘못하면 우리 조선 왕실의 역사가 세상 사람들한테 잘못 알려질 염려가 있습니다."

그 말에 유만주가 걱정스러운 얼굴로 말했어요.

"그럼 하루빨리 그 책들을 몽땅 거두어들여 불태우도록 중국에 요구해야 하지 않겠는가. 대체 조정에선 뭣들 하는 건지, 원!"

"당연히 그리했지요. 이전에 홍대용이라는 학자가 중국에 갔을 때 주린의 책들을 보고서 우리 조선의 왕들이 까닭 없이 모욕당했다고 밝혀 주었습니다. 중국에서도 주린의 책들이 문제가 많다고 인정하고, 인쇄용 목판과 책들을 거두어들여 없애 버렸고요. 문제는 미처 없애지 못한 책들이 여전히 세상에 떠돌고 있다는 것입니다. 그런데 더 큰 문제는 중국이 아닌 우리나라에 있습니다."

조생은 갑자기 몸을 낮추고 더욱 작은 목소리로 말을

이었어요.

"우리나라에서는 조정에 불만을 품은 자들이 주린의 책들을 보며 주상 전하를 비판하고 있다는 겁니다."

"아니, 조정에 불만을 품은 자들이 주린의 책을 보며 주상 전하를 비판하다니, 그건 또 무슨 말인가?"

"조선 왕실의 역사를 왜곡한 주린의 책들을 보며 일종의 대리 만족을 느끼고 있다는 게지요."

조생은 갑자기 소름이 끼쳐 몸을 부르르 떨었어요. 유만주도 그제야 사태를 파악하고 두려운 표정으로 말했지요.

"그건 어찌 보면 나라에 반역을 꾀하는 일과 같지 않은가. 만약 그 사실이 주상 전하의 귀에 들어가기라도 하는 날에는……. 허허, 큰일이로다!"

"이건 단순히 책 문제만이 아니라 정치적인 문제까지 얽혀 있는 일입니다. 그중에서도 특히 주상 전하께서 펼치고 있는 탕평책을 탐탁지 않게 여기는 자들이 주린의 책들을 보고 있지요. 게다가 그 무리도 점점 많아지고 있고요."

"아니, 탕평책이 뭐가 문제기에?"

"주상 전하의 탕평책이라는 게 인재를 고르게 등용하여 어느 한 무리가 권력을 독차지하지 못하도록 막는 것인데, 반대로 그 탕평책 때문에 자기 자리를 빼앗긴다며 서로 다른 세력끼리 다투고 있지요. 그럴수록 주린의 책들은 점점 더 유행하고 말입니다."

"허허, 주상 전하의 탕평책이 자기들 밥그릇 싸움으로 번지고 있다니, 참으로 한심한 일이로다!"

"머지않아 큰일이 터질 것 같은 불길한 느낌이 듭니다."

"왜 갑자기 그런 느낌이 든단 말이오?"

"오늘 제가 박필순이라는 양반 댁에 책을 팔러 갔다가 우연히 그가 주린의 책들을 언급하며 주상 전하께 올릴 상소문을 쓰는 걸 봤습니다. 아무래도 주린의 책 때문에 조선 땅에서 피바람이 불 듯합니다. 그래서 저도 당분간 한양을 떠나 있을까 합니다."

"허허, 포도청이 한바탕 시끌벅적해지겠구먼. 한데 그대는 왜 피신한단 말이오? 그대는 단지 책을 파는 책장수에 불과하지 않은가."

"주상 전하께선 분명 주린의 책들을 소지한 사람뿐 아니라 유통시킨 사람까지도 처벌하실 겁니다. 그러면서 이 조처는 조정에 불만을 품은 자들을 쫓아내려는 것이 아니라, 불순한 책을 가지고 있거나 판매한 자들을 처벌하는 것이라고 내세울 겁니다. 한마디로 우리 책장수가 양반들의 세력 다툼에 희생양이 될 수도 있다는 얘기지요."

"과연 그대는 '조신선'이라 이를 만하오. 대체 그런 선견지명이 어디서 나오는 게요? 그대는 진정 책뿐만이 아니라 인간 세상사에도 통달한 사람인 듯하오. 그럼 떠날 채비는 다 했소?"

"제가 뭐 챙길 거나 있겠습니까. 멀리 남쪽 지방으로 갈 생각입니다. 이제 그만 일어나야겠습니다. 그럼 몸조심하시고, 꼭 후세에 길이 남을 만한 귀중한 책을 쓰시길 바랍니다."

조생이 자리에서 일어나려 하자, 유만주가 안타까운 듯 그의 팔을 붙들고 말했어요.

"잠깐! 내 안채에 일러 요깃거리를 좀 챙겨 오라 하겠네. 잠시만 기다려 주게."

"허허, 저는 평생 밥을 먹지 않는 사람이란 걸 아시지 않습니까. 저는 가다가 주막에서 술이나 한 병 사 가면 됩니다."

조생은 유만주의 집을 나와 곧바로 남쪽을 향해 내달렸어요.

조선 최대의 책장수 탄압 사건

조생의 예언은 과연 적중했어요. 며칠 뒤, 박필순이 주린의 책들에 얽힌 문제를 파헤쳐 임금에게 상소를 올린 것이었어요.

> 제가 어제 우연히 중국에서 가져온 『강감회찬』을 살펴보았습니다. 한데 그 내용을 보니 우리 조선의 왕실 계보에 관한 것으로, 태조 대왕이 고려 때 권력을 휘두르며 조정을 어지럽힌 이인임의 아들로 기록되어 있었습니다. 이 어찌 조선 사람으로서 놀랍고 애통하지 않겠습니까.

또한 박필순은 그러한 주린의 책들이 요즘 임금의 탕평책에 반대하는 자들 사이에서 크게 유행하고 있다는 사실도 덧붙였어요.

임금은 박필순의 상소를 보자마자 손으로 책상을 내리치며 몹시 화를 냈어요. 그와 함께 탕평책에 반대하는 세력을 쫓아낼 절호의 기회라고도 생각했지요.

"여봐라! 이 일은 매우 중대하니 널리 물어보지 않을 수 없다. 내일 아침 모든 신하들을 숭정전으로 들라 하라."

이튿날 아침 일찍, 임금의 명에 따라 모든 신하들이 숭정전으로 모여들었어요.

"무슨 일이기에 갑작스레 조회를 연단 말이오?"

"글쎄올시다. 나도 갑자기 전갈을 받고 왔답니다. 신하들이 모두 모인 걸 보면 아무래도 예삿일이 아닌 듯하오."

"주상 전하 납시오!"

그때 내관의 외침과 함께 임금이 숭정전으로 들어왔어요. 어좌에 앉은 임금은 무겁고 단호한 목소리로 말했어요.

"과인이 그대들을 갑자기 부른 까닭은 어제 박필순이 올린 상소 때문이오. 박필순은 그 상소문을 다시 한 번 읽어 보라."

이윽고 박필순이 상소 읽기를 마치자, 임금이 한층 더 크고 화난 목소리로 말했어요.

"이런 일이 어찌 꿈에라도 있을 줄 알았으리오. 과인이 간밤에 곰곰 생각해 보니, 주린의 책들을 세상에 하루 동안 머물러 있게 하면 하루 동안 불효하는 것이요, 이틀 동안 머물러 있게 하면 이틀 동안 불효하는 것이었소. 그대들의 생각은 어떤지 말해 보시오."

신하들은 서로 돌아보며 눈치만 볼 뿐, 어느 누구도 자기 의견을 밝히는

이가 없었어요.

오랜 침묵 끝에 좌의정이 먼저 임금의 마음을 위로하듯이 말했어요.

"전하! 이 책의 내용이 중국의 공식 역사와 다르다는 것은 천하가 다 아는 사실이옵니다. 주린의 개인 역사서에 불과하니, 너무 염려하지 마시옵소서."

그러자 곳곳에서 임금에게 너그러이 여기라는 신하들의 목소리가 이어졌어요.

"그렇사옵니다, 전하! 그건 너무 지나친 걱정이신 듯하옵니다."

하지만 임금은 진정하기는커녕 자리에서 벌떡 일어나 청천벽력 같은 명을 내렸어요.

"허허, 조정 신하들이 왕실의 계보에 관계된 일을 어찌 이리 소홀히 대할 수 있단 말이오. 내 도저히 참을 수 없도다! 오늘 숭정전에 모인 신하들 중 당상관의 벼슬을 모두 거두도록 하라. 과인도 오늘부터 반찬 수를 줄이고 음악을 듣지 않겠노라. 또 상소를 올린 박필순에게는 특별히 다시 벼슬을 내리겠노라."

그 말에 신하들은 모두 멍하니 할 말을 잃었어요. 오직 박필순만 머리를 조아리며 큰 소리로 말했어요.

"성은이 망극하옵니다, 전하!"

임금의 갑작스럽고 지나친 명령은 여기서 그치지 않았어요. 며칠 뒤 임금은 주린의 책들, 특히 『명기집략』을 팔았던 책장수 배경도와 그것을 지니고 있던 선비 이희천을 잡아들이라 했어요.

　그날도 배경도는 성균관 유생들에게 책을 팔고 있었는데, 포졸들이 몰려와 빙 둘러싸고 말했어요.

　"네가 배경도라는 놈이냐? 어명(임금의 명령)을 받들고 왔으니 순순히 오라를 받아라!"

　"무슨 소리입니까? 한낱 책장수에게 어명이라뇨?"

　"역적모의를 한 혐의가 있으니, 잔말 말고 어서 가자."

　포졸들은 붉고 굵은 오랏줄로 배경도를 꽁꽁 묶고는 궁궐로 끌고 갔어요. 얼마 안 있어 선비 이희천도 배경도처럼 오랏줄에 묶여 끌려갔지요.

　임금은 두 사람을 직접 심문했는데, 먼저 배경도를 향해 큰 소리로 물었어요.

　"네가 책장수 배경도인가? 주린의 책들을 팔았다는 것이 사실이렷다?"

　"전하! 소인은 한낱 책을 팔아 먹고사는 책장수이옵니다."

"어허, 묻는 말에만 대답하라. 그러지 않으면 네 목이 단번에 날아갈 것이다. 다시 한 번 묻겠다. 주린의 책들을 사람들에게 팔았느냐?"

"예, 그렇사옵니다."

배경도는 어쩔 수 없다는 듯 바르게 대답했어요.

임금은 선비 이희천에게도 물었어요.

"네가 이희천인가? 짐이 묻는 말에 바른대로 답하라.『명기집략』을 읽었다는 것이 참말인가?"

이희천은 떨리는 목소리로 침착하게 대답했어요.

"전하, 소인은 비록『명기집략』을 사 두기는 했지만 결코 읽지는 않았습니다. 또 박필순의 상소 소식을 듣고는 그 즉시 불태웠습니다. 통촉해 주시옵소서, 전하!"

그러나 임금은 그 말을 전혀 귀담아듣지 않았어요. 왜냐하면 이희천은 탕평책에 불만을 품고 있던 이윤영의 아들이라 특별히 잡아들였기 때문이지요. 마침내 임금은 아주 엄한 판결을 내렸어요.

"우리 왕실의 계보를 왜곡한 책을 아무 거리낌 없이 팔고 읽다니, 이는 곧 과인을 능멸한 것이요, 역적모의와 다름없다. 여봐라! 당장 이자들을 끌고 가 숭례문 밖 청파교에서 목을 벤 다음, 한강 변에 사흘 동

안 목을 달아 놓도록 하라. 또 그 처자식들은 모두 흑산도의 노비로 삼도록 하라."

배경도와 이희천의 얼굴은 그만 사색이 되었어요.

"전하, 통촉하여 주시옵소서!"

그러나 임금의 판결은 이미 내려졌고, 그들 앞에 기다리고 있는 것은 오직 죽음뿐이었지요.

임금은 여기서 그치지 않고 또 다른 명을 내렸어요.

"만백성에게 명하노라. 아직도 『명기집략』을 소지하고 있는 자는 지금 당장 자수할 것이며, 만약 자수하지 않으면 역적을 처벌하는 법률로써 다스리겠노라. 또 포도대장은 주린의 책을 팔고 다닌 책장수들을 모두 잡아들이도록 하라!"

이 같은 임금의 명에 양반 다섯 명이 자수했어요. 임금은 그들을 직접 심문한 뒤 멀리 외딴 섬으로 귀양을 보냈어요. 중국에서 주린의 책들을 수입해 온 역관 수십 명에게도 큰 벌이 내려졌고요. 나아가 임금은 책장수들에게도 가혹한 형벌을 내렸어요. 조득린, 박사억, 박사항, 고수인, 고득만, 김덕후 등 수많은 책장수들이 붙잡혀 왔는데, 임금은 그들을 모두 흑산도의 노비로 삼게 했지요.

하루는 책장수들을 직접 심문하던 임금이 문득 포도대장에게 물었어요.

"『명기집략』을 유통시킨 책장수가 이자들뿐인가? 과인은 도성 안에서 가장 유명한 책장수가 따로 있다고 들었다."

"전하, 도성 안에서 가장 유명한 책장수는 분명 조생이옵니다. 하나 저희들이 조사한 바에 따르면, 그자는 오히려 『명기집략』을 팔거나 읽지 말라고 다른 책장수와 양반들에게 늘 말했다 하옵니다."

"오, 그렇단 말인가! 그럼 조생이란 자는 살려 주도록 하라."

며칠 뒤, 포도청 앞에 한문과 한글로 된 방이 붙었어요. 방에는 이번 사건으로 처벌 받은 책장수와 양반들의 명단, 그리고

앞으로 주린의 책들을 일절 금한다는 임금의 엄한 명령이 적혀 있었지요. 사람들은 포도청 앞으로 몰려가 방을 보며 웅성거렸어요.

그때 누가 의아한 표정으로 말했어요.

"한데 책장수 명단에 조생의 이름이 없지 않은가?"

"그러고 보니 조선 최고의 책장수 조생의 이름이 없네그려. 한양의 책장수들은 모두 죽거나 흑산도의 노비가 되었는데, 오직 조생의 이름만 빠져 있네. 대체 조생은 어디로 도망간 거지?"

어떤 사람은 조생이 임금의 특별 명령을 받아 주린의 책들을 거둬 오려고 중국에 갔다 하고, 어떤 사람은 원래부터 신선이라 다시 신선으로 돌아갔다고도 했어요.

그때 맨 앞에 서서 방을 쳐다보던 추재도 사람들이 웅성거리는 소리를 귀 기울여 듣고 있었어요. 평소 친하게 지내던 조생이 어느 날 갑자기 말 한마디 없이 사라져 버렸기 때문이지요. 추재는 어쨌든 조생이 명단에 없다는 것만으로도 다행이라 여겼어요.

이로써 이른바 '『명기집략』 사건'이라 불리는 조선 최대의 책장수 탄압 사건은 끝을 맺었답니다.

내가 지금 여기에 있는데, 어디로 도망갔다는 말인가?

 그 뒤로 몇 해가 지났어요. 그동안 부쩍 자란 꼬마 문필가 추재도 이젠 제법 청년티가 났지요. 그래도 재미있는 이야깃거리를 찾아다니는 버릇은 여전했답니다. 오늘도 추재는 광통교에 나가 재미있는 이야깃거리를 찾고 있었어요. 물론 기이한 책장수 조생이 곁에 없어서 허전하긴 했지만요.
 『명기집략』 사건 이후 한동안 책장수들의 활동은 뜸했어요. 하지만 시간이 흐르자 언제 그랬냐는 듯 책장수들이 하나둘씩 한양 거리를 누비고 다녔어요. 임금이 아무리 책장수를 탄압해도 책을 읽고 싶어 하는 사람들을 막을 수는 없었던 것이지요. 추재는 바쁘게 뛰어다니는 사람만 보면 혹시 조생이 아닌가 하여 그의 뒷모습을 뚫어지게 쳐다보곤 했어요.
 바로 그때, 박도량 서사에서 나온 어떤 사람이 갑자기 어디로 부리나케 달려가는 것이 아니겠어요. 장대한 체구에 붉은 수염을 휘날리며 달려가는 그 사람은 분명 조생이었어요. 추재는 도저히 믿기지 않아 눈을 비비고 다시 보았지만, 틀림없이 조생이었어요.
 추재는 냅다 소리를 질렀어요.
 "조, 조생 아저씨!"
 추재의 목소리가 어찌나 다급하고 컸던지, 조생은 하마터면 뒤로 넘어질 뻔했고, 지나가던 사람들도 깜짝 놀라 추재를 돌아보았어요.
 "어이쿠, 깜짝이야! 나 귀 안 먹었다, 녀석아."

조생은 바로 어제 만났던 사람처럼 태연히 추재에게 다가와 장난스럽게 말했어요. 반면에 추재는 놀랍고 반가운 마음을 이기지 못해 조생의 품에 안겨 눈시울을 적셨어요.

"허허, 사내대장부가 아무 때나 울면 쓰나? 그것도 길 한복판에서 말이야."

"울기는 누가 운다고 그래요."

추재는 눈물을 닦고 조생에게 물었어요.

"아저씨, 도대체 어떻게 된 일이에요? 그동안 어디로 도망갔다가 다시 돌아온 거예요?"

하지만 조생은 여전히 아무 일도 없었다는 듯이 태연히 웃으며 말했어요.

"내가 지금 여기에 있는데, 어디로 도망갔다는 말인가? 천하의 책은 다 조생의 책이거늘, 내가 책을 버리고 어디로 도망갔다는 말이냐?"

"예, 뭐라구요? 하하하."

조생의 엉뚱한 대답에 추재는 그만 할 말을 잃고 큰 소리로 웃어 댔어요.

조금 뒤 추재가 정신을 차리고 웃는 얼굴로 말했어요.

"그래도 아저씨가 무사히 살아와서 정말 다행이에요. 다른 책장수들은 모두 죽거나 귀양 갔는데 말이에요."

"얘가 오늘따라 이상한 소리를 많이 하네. 책장수들이 지금 성안 곳곳을 누비고 다니는데, 그 사람들이 죽긴 왜 죽어?"

그러고 나서 조생은 저녁에 술을 사 먹으려면 부지런히 책을 팔아야 한다며 또다시 어디론가 신 나게 달려갔어요.

방각본 출판소

『명기집략』 사건이 일어난 지 몇십 년이 지난 어느 날이었어요. 주막에서 나이 지긋한 책장수 둘이 아침부터 술잔을 기울이고 있었지요.

"자네도 참 많이 늙었구먼. 벌써 얼굴에 검버섯이 가득하네그려."

"난들 어쩌겠는가. 아무도 흐르는 세월을 막을 순 없는 법이야."

그때 헉헉거리며 달려서 주막 안으로 들어오는 사람이 있었어요. 바로 조생이었지요.

나이 든 책장수 둘은 조생을 보고 놀랍고 부러운 표정으로 말했어요.

"저기 조생이 아닌가?"

"응, 맞네. 조생은 언제 봐도 30대 청춘이니, 정말 기이하지 않은가?"

"그러게 말일세. 조생은 평생 나이를 안 먹는 사람 같아."

과연 조생은 변함없이 활기찬 표정으로 두 책장수에게 다가와 인사를 건넸어요.

"어이, 다들 안녕하신가?"

"예, 우린 하루가 다르게 늙어 가는데, 어르신은 오히려 젊어지는 것 같습니다."

"허허, 책 팔러 다니느라 바빠서 어디 늙을 새가 있겠는가. 나를 기다리는 사람이 어디 한둘이어야 말이지."

"정말 부럽습니다, 어르신. 그런데 요샌 어떤 책을 팔러 다니십니까?"

"얼마 전부터 유행하는 방각본을 팔러 다닌다네. 서당 아이들이나 규방 아낙네들이 아주 좋아하거든."

조생은 술병에 술을 가득 채운 뒤 주막을 나섰어요. 그러고는 우선 판매할 책을 구하기 위해 육조거리 아래의 무교 쪽으로 달려갔어요. 그곳에는 방각본 출판소가 많이 있었기 때문이지요.

"어디 보자, 여기가 책이 좀 많은 것 같은데……."

조생은 무교 근처에서 가장 큰 방각본 출판소를 찾아갔어요. 이곳도 국립 출판사인 교서관처럼 책을 파는 서점과 인쇄하는 출판소를 겸하고 있었지요. 서점은 대문 옆 행랑채에, 출판소는 대문 안 사랑채에 있었어요.

"어서 오세요. 천천히 보십시오."

조생이 서점으로 들어가자, 등 뒤로 머리를 길게 땋아 내린 사내아이가 친절하게 맞아 주었어요. 서점 안에는 책들이 가지런히 놓여 있는데, 세책가의 필사본보다 책의 크기가 조금 더 작았어요. 책 표지는 약간 거친 종이에 노란 살구꽃 물을 들였고, 내용이 찍힌 종이는 얇은 데다 가끔씩 지푸라기나 흙덩이가 끼어 있기도 했어요. 하지만 방각본은 대부분 한글로 되어 있어서 누구나 쉽게 읽을 수 있고, 값도 싼 편이었어요.

조생은 오늘도 서당이나 규방에 내다 팔기 위해 『천자문』, 『명심보감초』, 『언간독』 등을 다섯 책씩 모두 열다섯 책을 집어 들고 점원에게 가서 값을 물었어요.

"애야, 이것 좀 셈해 주려무나."

"음, 한 책당 10문씩이고, 모두 열다섯 책이니 150문, 그러니까 1냥 50문을 주시면 됩니다."

"모두 합해서 1냥 50문이라……. 확실하니?"

"예, 확실합니다. 저는 셈 하나만큼은 자신 있습니다."

"허허허, 그래 알겠다. 어린아이가 장사하는 솜씨가 보통이 아니구나. 그런데 한글 소설 같은 것은 없니?"

평민들도 사 볼 수 있는 방각본

방각본이란 국가가 아닌 민간 출판업자가 시중에 팔기 위해 만든 책이었어요. 주로 『천자문』이나 한글 소설처럼 사람들이 많이 사는 책을 목판으로 거칠게 찍어 냈답니다. 책은 원래 무척 비싸고 수량도 적었기 때문에 부유한 양반들이나 사서 볼 수 있었어요. 그렇지만 값싼 방각본이 나온 뒤로는 일반 평민들도 책을 살 수 있게 되었답니다.

점원은 조생의 칭찬에 으쓱하다가, 이내 고개를 갸웃거리며 대답했어요.

"한글 소설이요? 그런 건 못 봤는데요. 혹시 모르니 안에 들어가 우리 주인한테 물어보세요."

그 말에 따라 조생은 대문 안 사랑채에 있는 출판소로 들어갔어요. 그곳에서는 국립 출판사인 교서관처럼 몇몇 사람들이 분업해서 전문적으로 일하고 있었지요. 한편에서는 종이와 먹물을 가져다가 목판에 새긴 판본으로 계속 책장을 인쇄하고, 다른 한편에서는 인쇄된 책장에 표지를 씌우고 한쪽 가장자리에 구멍을 뚫어 책을 엮고 있었어요. 하지만 책들은 별로 두껍지 않아서 대부분 한 책당 20쪽 정도였어요.

중년쯤 되어 보이는 방각본 출판소 주인은 긴 담뱃대를 입에 물고 큰 소리로 일꾼들을 감독하고 있었어요.

"좀 빨리빨리 찍어라. 주문이 얼마나 밀렸는지 아느냐?"

"거기, 목판을 조심해서 다루라고 했잖아. 목판은 걸핏하면 쪼개져 버린다구. 도대체 몇 번을 말해야 알아듣는 게야."

조생은 주인에게 다가가 일부러 큰 소리로 물었어요.

"이보시오, 주인장! 혹시 한글 소설 같은 것은 없소?"

주인은 조생을 힐끗 쳐다보더니 귀찮다는 투로 대답했어요.

"한글 소설이요? 그런 건 저기 세책가에나 가서 알아보시오. 그 긴 소설들을 어떻게 방각본으로 찍는단 말이오? 도무지 말이 되는 소리를 해야지."

"그럼 짧은 한글 소설을 골라서 찍거나, 아니면 내용을 줄여서 찍으면 되지 않겠소? 방각본 소설이 나온다면 특히 아녀자들한테 정말 불티나게 팔

릴 텐데 말이야."

그 말에 주인은 갑자기 무슨 생각이 떠올랐는지 조생에게 다가와 진지한 표정으로 물었어요.

"음, 방각본 소설이라! 정말로 잘 팔릴 것 같습니까?"

"당연하지. 내 책장수로 거리를 누비고 다닌 지 벌써 80년이 넘었소. 요즘엔 서당이나 규방을 돌아다니며 방각본을 팔고 있는데, 한글 소설은 왜 없느냐고 다들 야단이라오."

"하긴, 조선 아낙네들이 한글 소설에 빠져 있는 건 어제오늘의 일이 아니지요."

그러자 조생이 주인에게 다가가 작은 목소리로 속삭이듯 말했어요.

"그렇다면 남들보다 한발 앞서 시작하면 좋지 않겠소?"

"예, 좋습니다. 내 방각본 소설도 한번 찍어 보리다."

이윽고 조생이 막 출판소를 나가려는데, 주인이 달려와 방금 엮은 방각본 서너 책을 품에 안겨 주며 말했어요.

"정말 고맙습니다. 덕분에 새로운 책들을 만들게 됐소이다. 이건 그 보답으로 드리는 겁니다, 흐흐흐."

"허허, 이러지 않아도 되는데……. 앞으로도 좋은 생각이 있으면 맨 먼저 알려 주겠소."

조생은 흐뭇한 표정으로 책들을 품속에 넣고 광통교 쪽으로 내달렸어요.

지상에 사는 신선

그때 추재는 모처럼 재미있는 이야깃거리를 찾기 위해 광통교 쪽으로 걸어가고 있었어요. 어느덧 중년이 되어서인지, 추재도 얼굴에 주름살이 늘고 수염도 하나둘씩 희끗희끗하게 세어 있었어요.

그동안 추재는 사신 행차를 따라 중국에 여러 번 다녀오고, 또 전국 각지를 거의 빠짐없이 여행하며 많은 시를 썼어요. 그래서 책장수 조생도 꽤 오래전에 보고 여태껏 보지 못했지요.

추재가 광통교에 도착하니, 어떤 눈먼 사람이 길가에 서서 열심히 노래를 부르고 있었어요. 거리의 유명한 가수 손 봉사였어요. 거리에 울려 퍼지는 잔잔한 노랫가락은 은근슬쩍 사람들의 심금을 울렸어요.

그 옛날 사광처럼 스스로 눈 찔러 봉사가 되었나.
우리나라 음악은 모조리 통달했다지.
백 푼만 모이면 자리를 털고 일어나 주막으로 향하니,
눈먼 점쟁이 엄군평도 부러워하겠구나.

얼마 후 노래가 절정에 이르자 너나없이 손 봉사 앞에 돈을 던지는데, 꽤 많은 양의 동전이 떨어졌어요. 추재도 소매 속에서 엽전 한 푼을 꺼내 던졌어요. 그런데 맞은편에서 조생도 엽전을 던지는 게 아니겠어요? 추재는 금방 조생을 알아보고는 다가갔어요.

"조생 아저씨 아니십니까?"

"어엇, 꼬맹이! 이거 정말 오랜만이구나."

그러다가 조생은 어느덧 중년이 된 추재의 모습을 보고는 급히 말투를 바꾸었어요.

"이거 실수를 했군. 문필가 추재 아닌가. 이렇게 다시 만나다니 정말 반갑네그려."

"예, 어르신. 거의 수십 년 만에 보는 듯해요. 여전히 책장수를 하고 계시죠? 요즘에는 무슨 책을 팔러 다니세요?"

"그럼! 천하에 책이 있는데, 이 조생이 어찌 책 장사를 안 할 수 있겠는가. 요새는 주로 방각본을 떼어다가 서당이나 규방을 돌아다니며 팔고 있다네."

"요즘 유행하는 방각본이요? 역시 아저씨는 책에 대해선 능통하십니다."

그런데 추재가 보기에 조생은 세월이 많이 흘렀는데도 그 모습은 변함이 없는 듯했어요. 장대한 체구에 불그스레한 뺨, 푸른 눈동자에 붉은 수염이 예전 그대로였지요.

"어르신은 예나 지금이나 거의 똑같은데, 대체 올해 나이가 어떻게 되시나요?"

추재의 갑작스런 물음에 조생이 웃으며 대답했어요.

"글쎄, 나도 내 나이를 까먹었는데. 한 서른다섯쯤 되었나? 허허허."

"예? 예전에도 늘 서른다섯 살이라고 하셨잖아요. 어째서 아저씨 나이는 계속 서른다섯을 넘지 않는 건가요?"

"히히히, 사람 나이로 서른다섯은 모자라지도 넘치지도 않지. 그래서 서른다섯으로 내 나이를 마치려고 한다네."

"도대체 아저씨는 어떻게 해서 그렇게 오래 사실 수 있는 거예요? 혹시 영원히 늙지 않게 해 준다는 불로초를 드신 건 아니겠죠?"

"껄껄껄, 오래 사는 것은 약을 먹는다고 되는 일이 아니라네. 모름지기 욕심 내지 않고 마음의 덕을 쌓는 것이 중요하지."

"욕심 내지 말고 마음의 덕을 쌓으라?"

"주어진 삶에 만족하며 하루하루 즐겁게 살라는 뜻이지. 부디 자네가 세상 사람들에게 이것을 깨우쳐 주어서, 나에게 더 이상 장수 비결을 묻지 않도록 해 주게나."

추재는 문득 간서치 유만주를 떠올리고 조생에게 물었어요.

"한데, 예전에 아저씨한테 『패문』 같은 중국 책을 많이 샀던 유만주라는 양반은 어떻게 되셨나요?"

"응, 진작 세상을 떠나셨지. 벌써 십 년이 넘었을걸. 『흠영』이라는 아주 귀중한 일기를 세상에 남기고 떠나셨지."

"정말 책 욕심이 많은 분이셨지요. 아저씨처럼 세상을 즐기면서 사셨던 분이고요."

"아니지. 아내의 잔소리도 무서워하지 않는 강심장이었지, 껄껄껄."

그때 손 봉사가 노래를 마치고 자기 앞에 떨어진 돈을 손으로 더듬으며 헤아리기 시작했어요.

"……아흔여덟, 아흔아홉, 백. 음, 이만하면 한번 취할 수 있는 밑천은 되겠지!"

그러고는 자리에서 일어나 지팡이를 짚고 어디론가 걸음을 옮겼어요.

그것을 보고 조생도 슬슬 자리를 뜰 채비를 했어요.

"나도 이제 가 봐야겠구먼. 책을 팔아야 저녁에 술을 사 먹을 수 있지, 히히히."

그러자 추재가 조생의 앞을 막고서 말했어요.

"아저씨, 드릴 게 있어요!"

추재는 소매 속에서 시가 적힌 종이를 꺼내 조생에게 건네주었어요.

"예전부터 드리려고 했는데 이제야 드리네요. 제가 어릴 때부터 재미있는 이야깃거리를 꾸준히 모아 『추재기이』라는 책을 썼어요. 아저씨에 관한 이야기도 모아서 「육서 조생전」이라는 작품을 썼구요. 또 아저씨에 대한 시도 한 수 써 봤는데, 마음에 드실지 모르겠네요."

"허허허, 한낱 책장수가 무슨 이야깃거리가 된다고 작품으로 남겼단 말인가."

조생은 종이를 펼쳐 들고 큰 소리로 시를 읽기 시작했어요.

세상에 신선이 없다 누가 말했는가.
장안의 저잣거리에서 날마다 서로 부르는데.
백 년 전 일도 능히 자세히 알려 주고
삼신산의 신선과도 더불어 다닌다네.
책 팔아 술 사 먹으니 마음만은 배부르고
원숭이인 양 학인 양 기골이 점점 여위어 가네.
전우치와 장생이 지금 어디에 있느냐고?
바로 네 눈앞에서 달려가는 걸 보지 못하는가.

다 읽고 난 조생은 시가 마음에 들었는지 큰 소리로 말했어요.
"나보고 전우치와 장생이라! 아무렴, 그렇지, 나야말로 지상에 사는 신선이지. 하하하!"

• 부록 •

육서 조생전
: 추재 조수삼이 쓴 책장수 조생 이야기

조생이 어떤 사람인지 알지 못한다. 다만 세상에 책을 팔러 뛰어다닌 지 오래라서, 어느 누구나 할 것 없이 그를 보면 모두 조생인 줄 알았다. 조생은 해가 뜨면 거리로 나와 시장으로 골목으로 서당으로 관청으로 내달렸다. 위로는 벼슬아치부터 아래로는 소학 동자에 이르기까지 달려가서 만나지 않는 사람이 없었는데, 그 달리는 것이 마치 새가 나는 듯하였다.

조생의 가슴과 소매 속에는 책이 가득 들어 있었다. 책이 다 팔리면 술집으로 들어가 술을 흠뻑 사 먹고, 날이 저물면 달려서 집으로 돌아갔다. 하지만 사람들은 그의 집을 알지 못했고, 또 밥 먹는 것도 보지 못하였다. 평생 베옷 한 벌과 짚신 한 켤레로 다녔는데, 해가 지나도 바뀌지 않았다.

영조 47년(1771년)의 일이다. 청나라의 주린이 쓴 『명기집략』에 태조와 인조를 모독한 말이 있었다. 임금은 중국에 바로잡아 줄 것을 요청하고, 대대적으로 그 책을 찾아내어 불태우고, 파는 자는 죽이기에 이르렀다. 이때

　나라 안의 책장수들이 거의 다 죽었지만, 조생만 미리 알고 먼 곳으로 달아나서 홀로 죽음을 면하였다.
　그때부터 몇 년 뒤 조생이 다시 나타나 예전처럼 책을 팔러 다녔다. 사람들이 이상하게 여기고 그 까닭을 물었다. 조생은 웃으면서 말하기를 "내가 지금 여기에 있는데, 어디로 달아났단 말인가?" 하였다. 어떤 이가 그의 나이를 물으면 조생은 웃으면서 "잊어버렸네." 하였다가, 어떤 때에는 "서른다섯 살이네." 하였다. 올해 물었던 이가 이듬해에 또다시 그에게 "그대의 나이는 어째서 서른다섯 살을 넘지 않는 게요?" 하고 물으면, 조생은 웃으면서 "사람 나이는 서른다섯 살이 가장 좋은 때이지. 그래서 서른다섯 살로 내 나이를 마치려고 더 이상 늘리지 않는 것이라오." 하였다. 남의 말 하기를 좋아하는 어떤 이가 "그대 나이는 이미 수백 살이오." 하니, 조생이 눈을 동그랗게 뜨고서 "당신이 어떻게 수백 년 전 일을 안단 말인가!" 하였다. 사람들은 더 이상 따질 수가 없었다. 그런데 술을 먹은 뒤 종종 그가 하는 말을 들으며 가만히 생각해 보면 정말 백수십 년 전의 일이었다.
　누가 "고생스럽게 책을 팔아 무얼 하오?" 하면 "책을 팔아 술을 사 먹는다." 하였고, "책이 모두 당신 것이니, 그 내용도 다 알겠구려?" 하면 이렇

게 말하였다.

"내 비록 책은 없으나 어떤 사람이 어떤 책을 얼마 동안 소장하고 있었는지, 내가 어떤 책을 얼마에 팔았는지 알고 있고, 비록 그 뜻을 알지 못하나 어떤 책은 누가 쓰고 누가 해설을 달았는지, 몇 질 몇 책인지는 다 안다오. 그러니 천하의 책은 모두 내 책이며, 천하에 나만큼 책에 대해 아는 사람도 없다오. 천하에 책이 없다면 나는 달리지 않을 것이요, 천하 사람들이 책을 사지 않는다면 나는 날마다 술을 마시고 취할 수 없을 것이오. 이는 하늘이 천하의 책을 통해 나에게 명한 것이니, 나는 천하의 책과 함께 생을 마칠 것이오. 또 옛날에 어떤 사람의 할아버지와 아버지가 책을 사서 읽고 귀한 몸이 되었는데, 이제 그 자손이 책을 팔아먹더니 집이 가난해졌다오. 나는 책을 통해 사람들을 많이 겪어 보았는데, 세상에는 지혜롭고 어리석고 어질고 못난 사람들이 비슷한 부류끼리 무리 지어 몰려다니기를 그만두지 않습디다. 내가 어찌 천하의 책에만 통하리오. 장차 천하의 인간 세상사에도 통할 것이오."

경원자(추재)는 말하노라.

"나는 일고여덟 살 때부터 제법 글을 읽을 줄 알았다. 하루는 선친께서

조생에게서 『팔가문』 한 질을 사 주시며 '이 사람이 책장수 조생이란다. 우리 집에 있는 책은 모두 조생에게서 사들인 것이지.' 하셨다. 그의 나이는 마흔 살쯤 되어 보였다. 그때가 벌써 40년 전의 일이다. 그런데 조생은 아직도 늙지 않았으니 정말 보통 사람과는 다른 것 같다. 그때 나는 조생 보기를 좋아했고, 조생 또한 나를 사랑하여 자주 찾았다. 나는 이제 머리털이 희끗희끗해지고 손자를 본 지도 몇 해가 되었다. 그러나 조생은 장대한 체구에 불그스레한 뺨, 푸른 눈동자에 붉은 수염이 예전 그대로이니, 아! 정말 기이한 일이다. 내가 언젠가 조생에게 '왜 밥을 먹지 않는가요?' 하고 물었더니, '불결한 것이 싫어서.'라고 하였다. 또 나에게 말하기를 '사람들은 장수를 누리려고 하지만 그것은 약물로 되는 일이 아니라네. 효도하고 우애 있게 살아서 덕을 쌓아야 하는 것이니, 그대는 천하 사람들에게 이것을 깨우쳐 주어 더 이상 나한테 귀찮게 묻지 않도록 해 주게.' 하였다. 아! 조생은 정말 도를 간직한 채 스스로 숨어서 세상을 즐기는 사람이다. 이 말은 일찍이 노자나 장자에게서도 듣지 못한 것이다."

― 조수삼, 「육서 조생전」, 『추재집』 권8

기이한 책장수 조신선

2012년 12월 20일 1판 1쇄
2019년 8월 30일 1판 4쇄

지은이 : 정창권
그린이 : 김도연

편집 : 최옥미·강변구
디자인 : 김지선
마케팅 : 이병규·양현범·이장열
제작 : 박흥기
출력 : 한국커뮤니케이션
인쇄 : 코리아피앤피
제책 : J&D바인텍

펴낸이 : 강맑실 | 펴낸곳 : (주)사계절출판사 | 등록 : 제406-2003-034호
주소 : (우)413-756 경기도 파주시 문발동 파주출판도시 513-3
전화 : 031) 955-8588, 8558
전송 : 마케팅부 031) 955-8595 편집부 031) 955-8586
홈페이지 : www.sakyejul.co.kr | 전자우편 : skj@sakyejul.co.kr
독자 카페 : 사계절 책 향기가 나는 집 cafe.naver.com/sakyejul
트위터 : twitter.com/sakyejul | 페이스북 : facebook.com/sakyejul

ⓒ 정창권, 김도연 2012

값은 뒤표지에 적혀 있습니다. 잘못 만든 책은 구입하신 서점에서 바꾸어 드립니다.
사계절출판사는 성장의 의미를 생각합니다. 사계절출판사는 독자 여러분의 의견에 늘 귀 기울이고 있습니다.
이 책은 저작권법에 따라 보호받는 저작물이므로 무단전재와 무단복제를 금합니다.

ISBN 978-89-5828-654-7 74900
ISBN 978-89-5828-647-9 (세트)